Comment commencer à faire des opérations de change en ligne

Le guide complet pour devenir trader en partant de zéro. Incluant des stratégies de trading approuvées et facilement reproductibles.

John Fazio

Copyright

De plus, les informations contenues dans les pages suivantes sont données à titre indicatif et doivent donc être considérées comme universelles. Comme il se doit, ils sont présentés sans assurance quant à leur validité prolongée ou leur qualité provisoire. Les marques commerciales qui sont mentionnées le sont sans consentement écrit et ne peuvent en aucun cas être considérées comme une approbation par le propriétaire de la marque.

§§§

Impression et distribution : tredition GmbH, An der Strusbek 10, 22926 Ahrensburg - Allemagne

INDEX

LE TRADING EN LIGNE : DE 0 À TRADER

CHAPITRE 1 : QU'EST-CE QUE LA BOURSE ?

Dans toute affaire ou entreprise commerciale, la préparation et les connaissances sont les clés du succès. Sans ce genre d'éclairage, tenter de prendre une décision financière rentable ne peut que se solder par un désastre et un échec, quel que soit ton niveau de motivation et de détermination ou la somme d'argent que tu prévois d'investir.

En bourse, cette règle s'applique au nième degré, car tu investis ton argent dans ce qui peut être considéré comme un pari à haut risque, et tu joues avec le feu si tu n'as pas au moins une connaissance générale de base de son fonctionnement. Puisque le fait d'avoir des connaissances dans n'importe quel domaine est utile pour te guider sur la voie à suivre dans cette région particulière, plus ta base de connaissances en matière d'investissement est solide, plus tu as de chances de tirer profit de toute tentative de négociation sur le marché libre.

À bien des égards, les opérations boursières peuvent être comparées à la conduite automobile - il n'est pas nécessaire d'être un expert pour prendre le volant d'une voiture, même si l'on s'attend à ce que tu aies une certaine connaissance préalable des règles de base du code de la route, y compris les infractions au code de la route, les règles de sécurité et autres infractions légales au véhicule, qui sont apprises soit par des études et des cours spécifiques, soit même par une certaine forme d'exposition simple (comme les années passées à rouler avec tes parents et d'autres personnes qui conduisent depuis des années). Tu devrais pouvoir comprendre les outils de base utilisés pour naviguer dans une voiture (où se trouve la pédale de frein par rapport à l'accélérateur et comment utiliser le rétroviseur, par exemple), même si tu n'as jamais touché un volant.

Il en va de même pour entrer sur le marché boursier. S'il n'est pas nécessaire de connaître toute la terminologie (au départ, tu ne vendras pas à découvert et tu ne détermineras pas tes positions longues et courtes, il n'est donc pas nécessaire de comprendre parfaitement ces références, même si tu dois en être conscient), tu dois certainement te familiariser avec les fonctionnalités de base de la négociation d'actions, d'obligations, de titres et d'autres produits de base. Et tout comme quelqu'un qui est au volant d'une voiture et qui se prépare à toucher l'accélérateur pour la première fois, tu dois commencer prudemment et faire ton chemin lentement. Les conducteurs débutants règlent d'abord leurs rétroviseurs à leur convenance, puis mettent la voiture en vitesse, regardent s'il y a des interférences avec la circulation, et relâchent la pédale d'accélérateur, sans jamais l'enfoncer et en testant le moteur en sortant du portail à la première tentative. De même, lorsque tu choisis ton premier investissement, tu dois choisir quelque chose de stable avec peu de fluctuations et ne pas investir une grosse somme d'argent dans cette première entreprise.

Lorsqu'une personne apprend à conduire, elle sera accompagnée par une autre personne plus expérimentée qui pourra l'aider à prendre de meilleures décisions de conduite et lui proposer des corrections qui l'aideront à apprendre à manier la voiture plus efficacement. Sur le marché boursier, il y a des agents de change et d'autres experts qui peuvent te donner des informations et des conseils pour t'aider à développer tes connaissances sur les produits qui t'intéressent, essentiellement en te "guidant" vers de meilleures décisions d'achat et de vente sur le marché boursier.

Tu pourrais passer des heures et des heures à faire des recherches sur le marché boursier et ses fonctionnalités, à apprendre comment participer aux échanges et qui contacter pour entrer dans le jeu, surtout si tu t'intéresses au marché des changes, qui dépasse de loin le niveau de complication du marché boursier national. Cependant, tu trouveras dans ce livre toutes les informations de base dont tu as besoin pour te lancer sur la voie du succès commercial. Tout le travail et les recherches ont été faits pour toi, en rassemblant les données et les connaissances en une seule source à partir de laquelle tu peux obtenir suffisamment d'informations pour faire de toi un trader prospère sur le marché libre. Il te suffit de lire la suite pour acquérir, étape par étape, des connaissances et une sagesse qui t'amèneront à un niveau de réussite enivrant. Dans cet ebook, tu trouveras toutes ces informations utiles, réunies en une seule source pour en faciliter la consultation.

Comment fonctionne l'investissement

Chaque fois que tu places ton argent dans un fonds, il est bon de commencer par comprendre ce que tu achètes. Le marché boursier est une entité compliquée, et faire des transactions minimales nécessite une bonne quantité de connaissances de base, ainsi que la compréhension et l'acceptation du facteur de risque élevé. Plus tu en sais à l'avance sur les fonctionnalités du système, moins tu risques d'encaisser un coup dur et de te retrouver avec une perte dévastatrice.

Tout d'abord, et c'est probablement le plus important dans le domaine du commerce, tu dois comprendre ce que sont réellement les actions. Lorsque tu achètes ou vends une action sur le marché libre, tu dois garder à l'esprit que tu as affaire à des objets réels, et non à des morceaux de papier ; tu achètes et vends des parties réelles d'une entreprise particulière, de son produit ou d'une autre marchandise diverse.

Posséder une "action" signifie que tu as effectivement acheté l'entreprise ou le produit en question et que tu es devenu un propriétaire partiel de cet actif. Bien sûr, tu pourrais être l'un des millions d'actionnaires, puisque la plupart des entreprises et des produits sont décomposés en minuscules morceaux de l'ensemble, mais tu es toujours considéré comme un investisseur dans cette entreprise ou ce produit jusqu'à ce que tu vendes tes actions.

Imagine que c'est comme payer un bidon d'essence dans la voiture que tes parents t'ont achetée pour que tu la conduises. Tu as peut-être même acheté le filtre à huile qui a été posé sur la voiture, et tu penses peut-être que cet investissement fait de toi un propriétaire partiel. Cependant, lorsque tu regardes le coût global de la voiture, tu n'as en réalité que très peu contribué à ce montant. Cependant, tant que tu continues à investir dans l'essence pour la voiture et que tu t'occupes des besoins d'entretien, tu peux revendiquer la propriété partielle de la voiture.

Comme la valeur d'une entreprise et de ses produits ou services peut fluctuer en permanence, la valeur des actions que tu possèdes ne sera pas la même d'un jour à l'autre et peut même parfois changer d'heure en heure. Lorsque le prix par action baisse et est considéré comme bas, c'est le moment idéal pour acheter. C'est la façon la moins coûteuse de commencer ton aventure commerciale, et le fait de travailler avec un courtier en bourse te permettra d'obtenir plus d'informations sur les actions qui sont mûres pour l'achat à un moment donné.

En faisant cela, tu deviens un actionnaire, et la valeur de tes avoirs fluctuera d'un jour à l'autre. Ton pari (et ton espoir !) est que la valeur de l'entreprise ou du produit dans lequel tu as investi augmentera ou rebondira par rapport au prix bas auquel tu as effectué ton achat. C'est l'objectif de tous les commerçants et cela signifie que tes actions auront plus de valeur.

Au fur et à mesure que la valeur de tes titres augmente, ta valeur nette augmente aussi. Lorsque le prix des actions que tu possèdes atteint un point culminant, il est temps de vendre, en réalisant un profit sur ton investissement initial. Idéalement, tu vendras toujours tes actions à un prix raisonnablement supérieur au montant de l'achat et tu ne devrais jamais vendre lorsque la valeur actuelle des actions est inférieure à ton prix d'achat initial. Il est important de veiller à ne pas prendre intentionnellement une perte nette, car il y a de nombreuses occasions où tu pourrais avoir à prendre une perte.

Par exemple, si tu achètes des actions d'une entreprise à vingt dollars chacune, tu ne devrais jamais les vendre à dix-huit dollars chacune. Si possible, tu veux attendre qu'ils valent peut-être quarante dollars chacun, ce qui revient à doubler ton argent. Bien sûr, ce n'est qu'un exemple, et toutes les actions ne doubleront jamais de valeur, mais l'illustration est significative.

Il existe d'autres façons plus complexes d'investir en bourse. Cependant, tout comme pour apprendre à faire du vélo, il est préférable de ne pas faire la première tentative sans roues de formation.

Comment prendre des décisions dès le début

Retourne au guide en tant que référence. Lorsque tu commences à conduire, tu n'entres pas sur l'autoroute et tu conduis la voiture à une vitesse de soixante à soixante-dix kilomètres par heure. Reste plutôt dans les zones résidentielles ou au moins sur la route d'accès, où il y a moins de pression pour maintenir une vitesse aussi élevée. Sur le marché boursier, tu devras également rester à l'écart des actions coûteuses ou des investissements extrêmement volatils jusqu'à ce que tu sois extrêmement à l'aise avec le processus de négociation.

Il existe de petites opportunités d'investissement appelées "penny stocks", qui te permettront de tester ton pied marin et de te faire une idée du fonctionnement du marché boursier avant d'investir de grosses sommes d'argent et de risquer une grosse perte financière. Ces actions particulières coûtent littéralement quelques centimes ou de petites sommes d'argent et ne fluctuent généralement que de quelques fractions de centimes chaque jour, ce qui les rend extrêmement sûres pour ceux qui débutent.

Une fois que tu auras pris le coup de main et que tu pourras mieux juger les tendances du marché, tu pourras confortablement passer à des domaines plus compliqués et plus aventureux du marché. C'est comme si tu enlevais les roues d'entraînement de ton vélo ou que tu entrais pour la première fois sur l'autoroute à un moment de la journée où il n'y a pas de circulation à affronter.

Sache que, tout comme tu peux tomber de ton vélo une ou deux fois et te retrouver avec quelques égratignures et contusions, tu peux perdre de l'argent dans un investissement ici et là. C'est très typique, et investir en bourse est très similaire aux jeux de hasard. Au poker, il ne faut pas s'attendre à gagner toutes les mains, et il en va de même dans le monde de l'investissement. Apprendre à observer les tendances du marché, cependant, est similaire au fait d'observer les autres voitures en s'insérant dans la circulation et de déterminer la vitesse correcte et la proximité des autres voitures pour une sécurité optimale. Une telle étude assidue peut t'aider à améliorer drastiquement tes statistiques en peu de temps.

CHAPITRE 2 : TENDANCES DU MARCHÉ BOURSIER

Comprendre les tendances du marché boursier peut te faciliter la tâche pour gagner de l'argent sur le marché. Au contraire, le fait de ne rien savoir ou presque de ces tendances peut entraîner de graves pertes.

Taureaux et ours

À mesure que l'on s'enfonce dans le marché et que l'on en apprend davantage sur son fonctionnement, on commence à entendre certains termes sur les tendances du marketing qui semblent se répéter encore et encore. Les tendances du marché sont variables et volatiles, tant au quotidien que sur de longues périodes. Dans le passé, par exemple, les États-Unis ont connu des krachs boursiers dévastateurs, mais grâce à la liberté d'une société capitaliste, l'économie américaine a toujours fini par rebondir.

Que signifie le rebond du marché ou d'une action particulière ? En supposant que la valeur d'une entreprise ou de ses actions se soit effondrée à un niveau qui semble irrémédiable, la laissant pratiquement sans valeur, on peut avoir l'impression que cette entreprise est en danger de faillite et de sortir complètement de la portée des marchés de libre-échange. Mais soudain, le fondateur de cette entreprise peut lancer un nouveau produit pour lequel les consommateurs deviennent fous. Tout le monde en veut un, et ce produit peut se raréfier au moment de son lancement, provoquant une ruée vers les rayons des grands magasins.

Lorsqu'un tel mouvement se produit, la loi de l'offre et de la demande prend le dessus, ce qui redonne de la valeur à l'entreprise. Le cours de l'action de cette entreprise se redressera, et le gain de valeur qui en résultera sera considéré comme un rebond - un retour à l'état initial (ou à un meilleur état) avant la perte dévastatrice.

Le marché tend à la hausse ou à la baisse, et on entend souvent des références spécifiques à de fortes variations des valeurs marchandes. Si plusieurs zones du marché sont en forte baisse, avec des valeurs qui chutent rapidement (peut-être jusqu'à dix ou vingt pour cent en quelques jours), on parle d'un marché baissier. Tu te souviens peut-être de cette référence comme étant dans la position extrêmement dangereuse d'être poursuivi par un ours - si tu es en possession de plusieurs actions ou autres actifs valant une bonne somme, tu as une sérieuse chance de perdre une grande quantité de valeur qui pourrait se traduire par une perte nette de valeur si tu choisis de vendre, et cela peut être une situation très dangereuse.

Le mieux dans ce cas est de vendre avant que les prix ne tombent en dessous du prix d'achat initial ou de conserver les actions jusqu'à ce que le marché se rétablisse. Cependant, lorsque le marché baissier atteint un point bas, cela peut être le moment idéal pour entrer dans le jeu, car il est rare que les prix tombent en dessous de ce point. Ensuite, si tu attends patiemment que le marché se rétablisse ou rebondisse, tu peux gagner beaucoup d'argent grâce à un marché baissier. Ces options seront discutées plus en détail dans les chapitres suivants.

En même temps, un marché haussier est une forte tendance générale à la hausse pour de nombreuses actions. On pourrait comparer cela à la course des taureaux qui a lieu chaque année à Pampelune, en Espagne. Tu es plus en sécurité si tu es couvert lorsque la hausse se produit, et pour la même raison, si tu possèdes des actions pendant un marché haussier, tu es dans une position privilégiée pour augmenter ta valeur nette et vendre tes actions, ce qui te permettra de faire une grosse somme d'argent. C'est une autre idée qui sera explorée en détail plus loin dans ce livre.

Perspectives du marché

En prenant note des divers changements de statut des différentes options boursières disponibles, tu apprendras à repérer les premières tendances du marché, ce qui te donnera un indice sur l'avenir d'une marchandise particulière, et cela ne peut qu'augmenter tes chances de rentabilité. Les prévisions constituent une grande partie du jeu lorsqu'on travaille sur le marché boursier, car on ne peut jamais être complètement certain de la direction dans laquelle le marché va osciller à un moment donné.

Cependant, il est possible de faire une supposition éclairée, tout comme un météorologue qui fait des prévisions météorologiques. Même s'il ou elle n'a pas raison 100 % du temps, les prévisions sont généralement assez proches du résultat météorologique réel parce que le prévisionniste est un scientifique qui a étudié les tendances météorologiques et peut relever les détails qui l'aident à faire cette supposition éclairée. Avec un peu de temps et d'assaisonnement, tu peux atteindre le même niveau d'expérience et de perspicacité en bourse.

Une fois que tu seras plus à l'aise pour opérer dans le même monde que les agents de change et les day traders, et que tu te sentiras en confiance (ou du moins moins moins nerveux ou gêné) pour prendre des décisions financières aussi importantes, tu décideras peut-être de passer au marché des changes (plus communément appelé Forex), et l'objectif de ce livre est de te préparer à opérer dans les limites de cette entité plus complexe. Ensuite, nous discuterons de certaines des propriétés du Forex et de la complexité de cette entité boursière par rapport à un marché national standard.

Le marché des changes est incroyablement volatile, et il y a beaucoup plus de facteurs à prendre en compte lorsqu'on passe un ordre sur ce marché que sur un marché national. Le chapitre suivant est une introduction au monde passionnant et quelque peu effrayant du marché des changes, ou Forex.

CHAPITRE 3 : INTRODUCTION AU FOREX

Forex est le surnom du marché des changes. Aux États-Unis, il existe plusieurs branches du marché boursier, chacune ayant son propre nom. Par exemple, certaines actions se négocient sur le Dow Jones, d'autres sur le Nasdaq. Bien sûr, toutes les transactions boursières aux États-Unis ont lieu à la Bourse de New York (NYSE). Dans d'autres pays, c'est la même chose. Il peut y avoir un ou plusieurs marchés distincts.

Cependant, le commerce international a lieu sur le marché appelé marché des changes, ou Forex. Plusieurs pays dans le monde, dans presque tous les fuseaux horaires, participent au commerce du Forex, en utilisant plusieurs devises et en proposant des actions et des produits de base de tous les pays participants. En raison du grand nombre de pays et de fuseaux horaires concernés, le Forex ne fonctionne pas comme une entité "jour ouvrable" comme la plupart des marchés boursiers nationaux. Il reste ouvert 24 heures sur 24, cinq jours par semaine.

Bien sûr, ces heures supplémentaires augmentent intensément le facteur de risque pour ceux d'entre nous qui sont humains et ne peuvent évidemment pas surveiller leurs investissements 24 heures sur 24. Cela signifie que la valeur de tes avoirs peut potentiellement s'effondrer du jour au lendemain, pendant que tu dors, parce que d'autres pays sont encore en train de faire des transactions pendant que tu es au pays des rêves. Encore une fois, c'est comme une voiture - il y a beaucoup de pièces mobiles sous le capot, et ce n'est pas parce que tu ne peux pas les voir qu'elles ne fonctionnent pas.

C'est l'une des raisons pour lesquelles il existe diverses options de sécurité, telles que les ordres à cours limité, dont nous parlerons plus tard. C'est aussi pourquoi il est fortement recommandé que tes premières tentatives pour gagner de l'argent en bourse ne soient pas des transactions qui se déroulent sur le marché des changes, mais sur un marché domestique standard de neuf à cinq. Dans notre analogie automobile, cela serait comparable à demander à quelqu'un qui n'a jamais conduit ou même changé l'huile d'une voiture de reconstruire le moteur.

Fonctionnalité du Forex

Bien que la fonctionnalité du Forex soit la même que celle d'une bourse nationale, les matières premières et les prix sont plus volatiles, et il y a des facteurs supplémentaires à prendre en compte en plus des risques typiques associés à un marché national. Tu devras faire face non seulement à la valeur de tes actions et de ta monnaie, mais aussi aux devises étrangères impliquées dans tout commerce ou échange sur le Forex, ainsi qu'aux incohérences dans les valeurs de biens et services particuliers à travers les frontières internationales. C'est comme conduire une voiture avec une transmission standard au lieu d'une automatique. À l'intérieur, le travail est en grande partie fait pour toi, et tu n'as plus qu'à naviguer, tout comme une boîte de vitesses automatique. Cependant, changer de vitesse est assez similaire au fait de devoir constamment participer à la conversion des devises. Il peut être distrayant et complique certainement l'acte de conduire.

La situation financière de nombreux pays n'étant pas aussi sûre que celle des États-Unis, cela peut constituer un problème redoutable pour déterminer où investir son argent et à quoi s'attendre plus tard sur le marché international. Savoir quels pays et quelles monnaies sont concernés par le Forex peut t'aider en te permettant de suivre de plus près la situation financière des pays avec lesquels tu interagis.

L'histoire du Forex

Lorsque le commerce extérieur a commencé, il ne s'agissait pas d'un marché commercial international. Il est né des accords de Bretton Woods de 1944, qui stipulaient que les monnaies étrangères seraient fixées par rapport au dollar, dont la valeur était de 35 dollars l'once d'or. Ce précédent a été mis en pratique pour la première fois en 1967, lorsqu'une banque de Chicago a refusé de financer un prêt à un professeur en livres sterling. Bien sûr, son intention était de vendre la monnaie, qu'il jugeait trop chère par rapport au dollar, et de la racheter plus tard lorsque sa valeur baisserait, pour faire un profit rapide.

Après 1971, lorsque le dollar n'était plus convertible en or et que le marché intérieur était plus fort, les accords de Bretton Woods ont été abandonnés et le processus de conversion des devises est devenu plus variable. Cela a permis de renforcer le soutien sur les marchés étrangers, et les États-Unis et l'Europe ont commencé à entretenir de solides relations commerciales. Dans les années 1980, l'utilisation de l'heure et du marché a été étendue grâce à l'utilisation des ordinateurs et de la technologie pour inclure les fuseaux horaires asiatiques. À l'époque, les échanges de devises étrangères s'élevaient à environ 70 milliards de dollars par jour. Aujourd'hui, une vingtaine d'années plus tard, le niveau des échanges est monté en flèche, avec des échanges qui s'élèvent à environ 1,5 trillion de dollars par jour.

À l'origine, le commerce international était plus difficile, avec plusieurs monnaies différentes dans toute l'Europe. Bien que les principaux acteurs du marché européen aient été profondément impliqués et vétérans du commerce international lorsque d'autres marchés les ont rejoints, il y avait plus de monnaies à garder sous contrôle - le franc, la livre, la lire et bien d'autres - qu'il n'était raisonnable. Avec la naissance de l'Union européenne en 1992, on a commencé à créer une monnaie unique qui serait utilisée dans la majeure partie de l'Europe, et l'euro a finalement été créé et mis en circulation en 1999.

Forex aujourd'hui

Bien que certains pays n'aient pas encore accepté cette monnaie comme la leur (comme la Grande-Bretagne, qui utilise encore la livre sterling), le processus de conversion des devises a été simplifié sans le grand nombre de monnaies différentes auquel il fallait faire face auparavant. Au lieu de dizaines de monnaies, les principaux pays échangent dans cinq monnaies : le dollar américain, le dollar australien, la livre sterling, l'euro et le yen japonais.

Aujourd'hui, le marché des changes est international et mondial. Le marché est ouvert 24 heures sur 24, cinq jours par semaine, pour s'adapter à tous les fuseaux horaires de tous les acteurs principaux. Ceux-ci comprennent désormais la majeure partie de l'Europe, les États-Unis et les marchés asiatiques, en particulier le Japon. L'Australie a également rejoint les marchés du commerce international, et comme ces nations se trouvent à l'autre bout du monde par rapport à certains des autres grands acteurs, les fuseaux horaires doivent évidemment être pris en compte.

Une autre préoccupation complètement distincte, mais peut-être plus importante pour le trading sur le Forex, est de comprendre comment fonctionne le trading dans plusieurs devises. Comment comparer la valeur d'une action à travers les lignes internationales si les valeurs sont exprimées dans deux monnaies distinctes et non équivalentes ? Et comment mesurer les gains et les pertes lorsque le taux de conversion change constamment ?

CHAPITRE 4 : COMPRENDRE LA CONVERSION DES DEVISES

Lorsque tu commences à négocier sur le Forex, tu dois apprendre à convertir les devises et à remarquer la différence de valeur, ainsi que la façon dont les devises sont échangées à travers les lignes internationales. Cela signifie qu'il faut étudier non seulement les tendances du marché national et la valeur des devises, mais aussi celles des marchés étrangers.

Travailler avec plusieurs devises

Le Forex étant le marché des changes, tu ne peux évidemment pas t'attendre à ce que tout le monde sur le marché fasse des transactions en dollars américains (et pourquoi pas, demanderas-tu ? - mais n'oublie pas que tout le monde ne veut pas du dollar américain). Avec autant de variables et de devises volatiles échangées, comment reconnaître un bon achat ou une bonne vente quand tu en vois un sans connaître parfaitement la valeur de la devise étrangère ?

La première étape consiste à trouver une source qui te donne une idée de base du taux de change actuel entre ta monnaie nationale et la monnaie étrangère en question. Tu devrais faire cette liste de base pour toute monnaie avec laquelle tu pourrais être impliqué. Bien sûr, cela ne sera pas cohérent au centime ou à la fraction d'une monnaie particulière pendant toute une journée de travail, mais au moins tu auras ton point de départ pour commencer, presque comme le Nord sur une boussole. De telles sources peuvent être trouvées sur Internet, ainsi que par l'intermédiaire de nombreux courtiers, à la fois en ligne et en personne.

Conversion des devises

Il est également bon de comprendre les moyens par lesquels la conversion des devises est exprimée. La comparaison est généralement effectuée dans un rapport appelé rapport croisé. Dans cette configuration, les deux devises sont répertoriées dans un rapport XXX/YYYY, la position XXX étant répertoriée comme la devise de base. La devise de base est généralement exprimée sous la forme d'un nombre entier, tandis que la position AAAA est exprimée sous la forme de la décimale qui se rapproche le plus du taux de la devise de base. C'est un peu comme si l'on parlait de miles par gallon ou de tours par minute sur une voiture - une comparaison directe entre l'un et l'autre sous la forme d'un ratio.

La plus petite fraction, ou décimale, dans laquelle une devise peut être échangée s'appelle un pip et c'est généralement le degré auquel un taux croisé est exprimé. Par exemple, si la livre sterling peut être négociée en millièmes, la monnaie sera exprimée jusqu'à la troisième décimale. Le dollar américain est souvent exprimé au centième de cent (la quatrième décimale).

Dans un exemple d'expression croisée, un dollar américain peut être équivalent à 117,456 yens japonais. Ce ratio serait exprimé par 1 000/117 456. La monnaie de base est presque toujours exprimée en une seule unité (comme un dollar pour dix dollars), et cette unité est souvent le dollar américain. Étant donné que la valeur du nombre entier (ou grand chiffre, comme on l'appelle) de la monnaie secondaire, ou de la monnaie en position YYYY en termes de conversion change si rarement, souvent seule la partie décimale du nombre est mentionnée sur le marché des changes.

Par conséquent, dans le rapport ci-dessus, on peut entendre que le yen se négocie à 0,456, sans aucune mention des 117 yens complets qui sont indiqués dans le rapport. En effet, le taux de change peut varier de 117,456 à 117,423, mais pas à 119,024. L'expérience d'un changement dans le grand chiffre - le nombre entier devant la décimale - à moins que ce ne soit seulement parce que le nombre était déjà à quelques millièmes près, représenterait un changement de valeur trop important pour une seule période de négociation et serait un événement rare qui pourrait faire basculer l'ensemble du marché de façon spectaculaire dans un sens ou dans l'autre.

Les monnaies les plus courantes que l'on trouve sur le Forex sont le dollar américain, la livre sterling, l'euro, le yen japonais et le dollar australien. Dans le passé, il y aurait eu beaucoup d'autres monnaies à suivre (comme le franc, la lire ou le mark allemand). Cependant, avec la consolidation de la majeure partie du marché européen des opérations de change à l'euro, de nombreuses devises ont été éliminées, ce qui rend les opérations de change pour d'autres pays moins compliquées.

Si tu achètes une marchandise dans une devise particulière et que la valeur de cette devise baisse par rapport au dollar américain, tu peux en fait gagner de l'argent en vendant cette même marchandise en dollars. Il en va de même à l'inverse si la valeur d'une devise étrangère augmente par rapport au dollar américain. Bien sûr, on ne peut bénéficier d'une telle situation que si les marchandises sont échangées dans les deux monnaies et sur les deux marchés en question. Nous aborderons ce processus, ainsi que d'autres façons de tirer profit du marché des changes (comme l'arbitrage) plus en détail dans les chapitres suivants.

Une fois que tu seras capable de discerner une valeur de base d'une devise particulière et son taux de conversion par rapport à d'autres négociées sur le Forex, tu pourras suivre de plus près l'évolution de la conversion des devises, y compris son incohérence et sa volatilité. Ces idées ne te sembleront pas si "étrangères", et tu seras impliqué et sensibilisé au même titre que les professionnels. Ensuite, tu devras apprendre à lire, à comprendre et éventuellement à interpréter d'autres tendances du marché.

Tendance Forex

Suivre les graphiques, écouter les conseils des analystes de marché et des chartistes, et apprendre à faire toi-même des prévisions éclairées t'aideront à suivre les différentes tendances du marché. Le prochain chapitre t'expliquera plus en détail comment utiliser les statistiques publiées pour prédire le prochain mouvement du marché boursier. S'agira-t-il d'une journée claire et calme avec peu d'activité, ou une tempête s'annonce-t-elle avec des vents de changement et d'incertitude ? Comment peux-tu savoir ce qui se passera avec tes participations le lendemain ou même plus loin dans l'avenir ?

Le simple fait d'apprendre à lire les tendances du marché peut éliminer une grande partie de l'appréhension et de l'incertitude qui sont naturelles pour les traders novices. En fait, parfois, la meilleure première étape pour entrer sur le marché est de regarder des émissions qui y sont consacrées ou de lire les sections financières des journaux qui détaillent les tendances et les résultats attendus. Le chapitre suivant expliquera mieux comment interpréter les statistiques et les tendances de base.

CHAPITRE 5 : COMPRENDRE LES STATISTIQUES

Tu connais maintenant le fonctionnement de la bourse et tu as compris dans une certaine mesure ce qu'implique le commerce sur le marché des changes. Maintenant, tu aimerais savoir comment évaluer les tendances du marché afin de tirer profit de tes entreprises sur le marché libre. Il n'est plus question d'actions à un centime et de jeux de cour de récréation. Tu veux ce qu'il y a de plus vrai.

Le nom du jeu, ce sont les statistiques, et la première règle est que tu dois être conscient qu'il n'y a pas de valeur sûre en bourse. Bien que tu ne puisses jamais être certain à 100 % du prochain mouvement qui se produira sur le marché dans son ensemble, être capable de lire les statistiques et de les interpréter te donnera une longueur d'avance pour ce qui est de "deviner" ce qui se passera ensuite.

Investir ressemble beaucoup à un jeu de hasard. Si tu peux suivre les cartes qui ont déjà été jouées, tu es mieux informé, statistiquement, sur ce qui est susceptible d'être distribué ensuite, ce qui signifie que tu peux parier avec plus de perspicacité que quelqu'un qui n'a aucune idée de ce qui a déjà été joué. Le marché étant ouvert, si tu as des informations sur ce qui s'est déjà produit au cours des derniers jours, mois ou même années, tu es à nouveau en meilleure position pour conclure plus logiquement ce qui va se passer ensuite. Il te suffit d'apprendre le modèle et de le suivre jusqu'au bout, pour en récolter les fruits financiers.

Graphiques

Attends, tu croyais que tu devais faire des recherches et suivre le passé du marché tout seul ? Bien sûr que non ! Il y a des gens qui sont payés pour faire ce genre de travail. Ils surveillent le marché toutes les heures, tous les jours, toutes les semaines, tous les mois et tous les ans afin de pouvoir fournir aux traders de haut niveau les mêmes connaissances que celles mentionnées ci-dessus. Plus une société d'investissement en sait sur le marché, plus elle peut gagner de l'argent. Il en va de même pour les agents de change. Ils gagnent de l'argent quand tu en gagnes, et ils veulent faire de leur mieux pour que tu prennes des décisions intelligentes.

Le plus beau, c'est que tu as accès aux mêmes informations que ces clients VIP. Les chartistes, qui sont essentiellement des analystes de marché publiant leurs résultats sous forme de graphiques faciles à lire, produisent ce que l'on appelle un graphique en chandelier. Ces graphiques sont essentiellement une combinaison d'un graphique linéaire et d'un graphique à barres montrant la tendance de diverses actions, indices ou autres intérêts sur une certaine période de temps. Par conséquent, il est facile de déterminer si la marchandise est dans une tendance à la hausse ou si elle subit une baisse, quand le dernier changement majeur s'est produit et combien de temps l'action ou l'obligation devrait continuer sur sa voie actuelle.

On peut en fait trouver des informations sur la plupart des produits de base et leurs tendances de marché depuis des années, et pour certains même jusqu'à leur introduction sur le marché libre. L'utilisation de ces informations peut t'aider à décider si c'est une bonne idée d'acheter ou de vendre des actions ou des titres dans lesquels tu as un intérêt, ou s'il vaut mieux attendre un pic dans la tendance du marché.

Comprendre les tendances du marché

Il est compréhensible qu'au fur et à mesure que les économies évoluent, la valeur des différents produits puisse changer. En effet, lorsqu'une économie est forte et florissante, une nation est plus riche et dispose d'un plus grand pouvoir d'achat. Ce pouvoir s'accompagne d'une valeur plus élevée pour les articles achetés. En d'autres termes, si les gens ont plus d'argent à dépenser et dépensent plus dans les magasins Walmart, la valeur des actions de Walmart se multipliera à un rythme considérable. Par conséquent, les actionnaires deviennent plus riches en termes d'actifs, simplement parce que les acheteurs animent le marché avec leur pouvoir d'achat. Lorsque les actionnaires sont riches et que la valeur de leurs avoirs augmente, ils continuent à acheter des actions, ce qui, une fois de plus, stimule l'économie. Une forte tendance à la hausse du marché boursier est un bon signe pour toute économie.

Cependant, il y a aussi des choses qui affectent le marché de manière négative, faisant chuter la valeur des actions. Par exemple, la guerre a rarement un effet positif sur le marché boursier. Le 11 septembre 2001, lorsque des terroristes ont attaqué le World Trade Center à New York, l'économie américaine s'est effondrée et la nation a été menacée de dépression. Certains analystes étaient persuadés qu'elle ne se rétablirait jamais correctement. La même chose se produit généralement chaque fois qu'il y a une attaque ou un acte de guerre au sein d'une nation. Cependant, les critiques se sont avérées fausses et les États-Unis ont commencé à rebondir, ou à se remettre d'une mauvaise tendance à la baisse, d'une manière vigoureuse. Cette reprise rapide s'est produite principalement parce que le peuple des États-Unis a continué à pousser et à dépenser, forçant l'argent et la richesse à revenir dans l'économie. En observant la réaction du marché boursier, on peut apprendre à lire les tendances en fonction des événements mondiaux.

Les prix du pétrole influencent aussi couramment le marché boursier. En particulier sur le marché des changes, tu constateras que les tendances varient en fonction de nombreux événements d'actualité. Tu remarqueras également qu'au fil du temps, la valeur principale (ou nominale) d'une monnaie peut être délibérément révisée par une nation en termes de conversion monétaire. C'est ce qu'on appelle la dévaluation, qui sera abordée plus en détail dans le chapitre suivant.

CHAPITRE 6 : VOLATILITÉ DU FOREX ET ATTENTES DU MARCHÉ

La volatilité, ou la tendance à la fluctuation qui peut affecter tes gains sur le marché boursier, est typique sur un marché national, mais elle est encore plus évidente et beaucoup plus forte sur le marché des changes. Quels sont les facteurs qui influencent la valeur des devises sur le Forex, et existe-t-il un moyen de la contrôler ?

Amortissement et réévaluation

Comme mentionné dans le chapitre précédent, la dévaluation désigne la baisse intentionnelle de la valeur d'une monnaie par rapport aux autres monnaies, comme l'exige un organisme gouvernemental. Par exemple, si le dollar américain vaut dix unités d'une devise étrangère qui est ensuite dévaluée de dix pour cent, le dollar américain n'équivaut plus qu'à neuf unités de la devise étrangère. Cela rend tout article acheté dans la devise étrangère plus cher pour ceux qui échangent en dollars américains, car le taux de change baisse. Cela rend également les articles du pays étranger moins chers à échanger en dollars américains.

Un changement de valeur opposé peut également se produire, augmentant la valeur de la devise étrangère. C'est ce qu'on appelle la réévaluation. Bien qu'il puisse sembler qu'ajuster volontairement la valeur de la monnaie d'une nation soit de la "triche", ou prendre un avantage injuste en rendant les produits étrangers moins chers à acheter et en augmentant la valeur des exportations, il existe des réglementations en place pour empêcher la manipulation des taux de change à de telles fins. Les statuts du FMI (Fonds monétaire international) permettent d'interdire de tels événements et de faire respecter la politique.

Il existe des moyens de tirer profit de la dévaluation et de la réévaluation, dont nous parlerons plus loin. Cependant, que se passe-t-il lorsque la valeur d'une devise étrangère change en raison des fluctuations du marché plutôt que de réductions ou d'augmentations délibérées de la part d'un gouvernement fédéral ou d'une banque fédérale ? Quel est l'effet de l'appréciation et de la dépréciation sur le marché boursier ?

Amortissement et dépréciation

La dépréciation peut facilement être liée à la durée de vie d'une voiture. Dès que tu sors une voiture neuve de l'usine, sa valeur est presque divisée par deux. Il s'agit d'une dépréciation extrême. Cependant, dans les années à venir, la voiture continuera à perdre de la valeur à un rythme plus progressif. Ceci est également considéré comme une dépréciation.

L'appréciation et la dépréciation de la monnaie sont des changements dans la valeur de la monnaie qui sont déterminés par les forces du marché plutôt que par le mandat du gouvernement. Par exemple, pour tenter de rembourser certains prêts, la Banque centrale de Russie a annoncé en 1998 la dévaluation prochaine du rouble. Le taux de change, qui était actuellement de six roubles pour un dollar américain, passerait à 9,5 roubles pour un dollar au bout d'un certain temps, soit une dépréciation de 34 %.

Cependant, avant le changement, il y a eu une panique généralisée dans l'ancienne nation communiste, et la valeur du rouble a chuté parce que de nombreuses personnes en Russie ont choisi d'échanger leurs obligations avant la date limite. En seulement un jour après l'annonce, le rouble russe s'est déprécié de façon incroyable de 25 %.

Le même type de crise s'est produit dans les années 1920 avec l'effondrement du marché boursier américain. À ce moment-là, la panique s'est répandue dans tout le pays, et les gens se sont précipités dans les banques pour retirer de l'argent liquide qui n'était pas disponible ou pour échanger des titres et des options d'achat d'actions qui n'étaient pas arrivés à échéance. En se précipitant à la banque, les gens ont en fait provoqué l'effondrement au lieu d'y échapper.

De l'autre côté de la médaille, une appréciation trop rapide prédispose un pays à l'inflation, ou à une augmentation de la valeur au détail des produits vendus au public sur la base de l'évaluation de la monnaie. Même si l'inflation est inévitable, elle peut être minimalement atténuée par l'utilisation de l'évaluation des devises.

L'appréciation peut aussi être liée à un véhicule. Souvent, les hommes aiment prendre de vieilles voitures et les restaurer pour leur redonner leur beauté d'origine. Ce faisant, ils augmentent considérablement la valeur du véhicule ou l'apprécient.
Les taux de conversion des devises en constante évolution et la volatilité du marché créent un risque de marché inhérent, ou le potentiel quotidien de subir des pertes en raison de la fluctuation des prix des titres. Il n'existe aucun moyen de diversifier ce type de risque, car il affectera toujours les investissements dans une certaine mesure. Cependant, certains risques peuvent être compensés par des types particuliers d'investissements ou des façons d'investir qui sont plus sûres ou protégées.

Nous examinerons les positions longues et courtes, la vente à découvert, les ordres stop et d'autres moyens de protéger tes investissements contre les pertes drastiques dans les chapitres suivants. Ces options comprennent la possibilité de prédéfinir le prix d'achat ou de vente d'une marchandise spécifique, ainsi que l'utilisation de divers niveaux d'ordre prédéterminés pour passer des ordres et effectuer des transactions.

Bien sûr, ne te fais pas d'illusions en pensant que tu peux te débarrasser de tous les facteurs de risque possibles sur le marché. Il y a toujours un nuage au-dessus de ta tête qui attend d'éclater, et il suffit d'une petite piqûre d'épingle. Tu dois toujours faire preuve de prudence, même si l'idée de jouer en bourse comporte intrinsèquement du danger et de l'excitation. Le prochain chapitre t'aidera à comprendre la réalité et ce que cela implique d'équilibrer ton facteur de risque avec un ancrage dans la réalité ; ton ego avec ton id.

CHAPITRE 7 : ASPECTS DU COMMERCE

Tu connais maintenant la fonctionnalité du marché boursier et tu as décidé que tu étais prêt à accepter les facteurs de risque impliqués. Cependant, tu veux savoir tout ce que tu peux sur la façon d'équilibrer ce risque avec des options d'investissement intelligentes. Comment peux-tu être sûr que les risques que tu prends sont plus susceptibles d'être gratifiants à long terme que destructeurs ?

Longs et courts

L'une des parties les plus importantes pour gagner de l'argent en bourse est de déterminer ta position. La position longue est essentiellement la position d'achat - tu t'engages à long terme à posséder une action, un titre ou une autre marchandise négociée. La position courte, au contraire, est la position de vente - tu es sur le point de te débarrasser du même type de bien et de toute responsabilité à son égard.

Le meilleur moment pour prendre une position longue est lorsque les prix des actions sont bas. Cela te permettra d'entrer sur le marché à un prix raisonnable et d'augmenter tes chances de profit lorsque les nouvelles offres monteront en prix et que les anciennes options d'investissement se rétabliront ou rebondiront. En fait, lorsque d'autres personnes prennent une position longue et achètent en même temps que toi, cela fait monter la valeur des titres grâce à la règle standard de l'offre et de la demande, ce qui provoque le début de ce qui pourrait être un marché haussier.

On peut assimiler cette situation à la fin du mois chez un concessionnaire automobile. Les prix ont tendance à baisser sur toutes les voitures laissées en vente, et le concessionnaire est plus souvent disposé à marchander parce qu'il veut moins de stock sur le terrain. De même, lorsque le cours des actions est bas, certaines personnes paniquent et se débarrassent de tous leurs avoirs à ces prix bas, pensant que leurs actions ne retrouveront jamais de valeur. Cela ne peut qu'aider.

Lorsque les prix sont élevés, il est probablement temps de se retourner et de vendre tes actions pour réaliser un profit, sans rien perdre sur la plus-value latente (profit qui ne peut pas être compté dans les liquidités ou l'argent liquide parce qu'il est encore investi dans une option boursière volatile). Tu ne dois jamais vendre à un prix inférieur à ton coût, car cela entraîne une valeur nette négative et une perte de fonds. Il faut toujours vendre pour le bénéfice maximum que l'on considère comme sûr.

En d'autres termes, si tu achètes une action à quinze dollars l'unité, et qu'elle monte rapidement à vingt-cinq dollars l'unité, tu peux très bien penser qu'elle pourrait atteindre trente dollars l'unité d'ici une semaine. Cependant, tu dois déterminer si tu es prêt à risquer de perdre tes gains déjà garantis de dix dollars par action pour attendre aussi longtemps, au cas où le prix chuterait réellement ; tu pourrais alors décider de vendre au prix élevé actuel.

Teneur de marché et vente à découvert

Que se passe-t-il si la valeur des actions est incroyablement élevée, mais que tu n'es pas entré dans cette marchandise particulière et que tu ne possèdes pas d'actions ? Ta première démarche devrait être de rendre visite à un teneur de marché ou de passer un accord avec un courtier pour une vente à découvert. Un teneur de marché est littéralement un agent de change qui achète détient en stock une certaine quantité d'actions de différents titres ou actions, qui sont achetées pendant une période où les taux du marché sont bas.

L'entreprise se retournera ensuite et vendra ces actions à un particulier à ce prix bas, indépendamment du taux du marché, créant ainsi son propre marché (d'où le nom). La personne qui achète à l'entreprise peut immédiatement vendre les marchandises sur le marché libre au taux du marché (qui est plus élevé), réalisant ainsi un profit incroyable en peu de temps.

Une vente à découvert est une autre option pour réaliser un profit rapide. Dans ce scénario, tu empruntes un nombre particulier d'actions à un courtier pour les vendre lorsque la valeur du marché est élevée. Ta tâche consiste à attendre que le prix de l'action baisse, à acheter le même nombre d'actions et à rendre les actions au courtier, en gardant le bénéfice de la vente, moins la commission du courtier.

La façon dont un concessionnaire automobile travaille avec les reprises est très similaire. Ils t'achèteront la voiture à un prix très bas, puis se retourneront pour la vendre sur le terrain avec une marge bénéficiaire élevée.

L'un des aspects les plus positifs d'une vente à découvert est que tu ne prends jamais réellement possession des actions, ce qui signifie que tu n'es jamais en mesure de perdre de l'argent. Comme tu as vendu les actions à un prix élevé, tu as déjà réalisé un bénéfice et, dans le pire des cas, les actions en question ne baisseront pas de prix. Plutôt que de rendre les actions au courtier à qui elles ont été empruntées, on peut simplement rembourser le montant pour lequel elles ont été achetées à l'origine, ainsi que la prime.

Comment peux-tu être sûr que tu ne surperformeras pas les options au meilleur prix ou que tu ne perdras pas un bon taux parce que tu n'es pas disposé à passer un ordre d'achat ou de vente auprès de ton courtier ? Existe-t-il un moyen de fixer des limites à tes échanges ? Ensuite, nous discuterons des moyens de protéger tes investissements et de limiter tes facteurs de risque.

CHAPITRE 8 : GESTION DES RISQUES

L'un des aspects les plus importants de la protection de tes investissements est de trouver un équilibre entre le risque et l'assurance. Il y a plusieurs façons de le faire, et nous en discuterons dans ce chapitre.

Ordres limités et risques d'équilibrage

Un ordre à cours limité est un montant fixe auquel tu as accepté d'acheter ou de vendre un titre particulier ou une autre marchandise. Par exemple, tu as indiqué à ton agent de change que tu ne vendras pas le titre X tant que sa valeur n'aura pas atteint un minimum de Y dollars. En même temps, tu n'achèteras pas le même titre X s'il dépasse une valeur de Z. Le fait de fixer des limites au prix que tu paies pour un titre donné, ainsi qu'au prix que tu accepteras pour le vendre, te protège, toi et ton investissement, de plusieurs façons.

Tout d'abord, tu maximises tes gains, mais surtout, tu évites les pertes. Toute perte qui se produit avec des ordres à cours limité sera toujours une perte non réalisée, ou une perte qui ne peut pas être mesurée en liquidités ou en espèces. En d'autres termes, tant que tu ne vendras pas l'action et que tu n'encaisseras pas la perte nette, celle-ci n'affectera pas ta valeur nette. Puisque tu as fixé une limite qui ne te permet pas de vendre tes matières premières à un prix inférieur à leur coût d'origine, il se peut que tu n'aies pas de perte dans ta valeur nette. En même temps, tu t'assures au moins un certain profit en fixant ton point de vente suffisamment haut pour récolter ce profit particulier.

Un autre moyen de protéger tes actifs est la couverture. Cela signifie que tu crées et vends un contrat à terme dans lequel tu déclares que, lorsque les actions atteindront une certaine valeur dans le futur, tu vendras tes avoirs à ce prix prédéterminé. Lorsque ce prix est atteint, la commande sera traitée et la transaction terminée. Bien sûr, si jamais tu changes d'avis à propos d'une limite que tu as fixée, tu peux placer un ordre stop auprès de ton courtier, qui désigne que tu ne souhaites plus effectuer d'opérations au montant spécifié.

Il peut également être acheté sur la marge. Cela ressemble beaucoup à la vente à découvert, mais au lieu d'emprunter des actions pour les vendre, tu empruntes essentiellement de l'argent pour acheter des actions par toi-même lorsque la valeur du marché est en baisse. Ensuite, lorsque la valeur des titres que tu as achetés augmente et que tu peux les vendre à profit, tu rembourses le prêt et tu gardes l'excédent de la vente, moins la commission du courtier. Bien sûr, toutes les transactions avec un agent de change impliquent une prime, ou des frais pour les services rendus, et il est presque impossible de faire du commerce sans un courtier ou un service de courtier. Cependant, les services en ligne sont souvent moins chers que les agents en chair et en os, mais tu peux faire quelques recherches pour déterminer quelle est ta meilleure option.

Comment puis-je manier un fouet ?

Non, nous ne faisons pas référence à quelque chose qui se trouve dans le garage, la chambre à coucher ou un groupe de musique country. Un coup de fouet est une tendance du marché qui défie les pronostics. On peut considérer qu'il s'agit de l'"aile". Malgré l'apprentissage d'une conduite prudente et la coordination, il n'y a parfois rien que tu puisses faire pour éviter d'être embouti.

Whipsaw est un terme qui désigne ce qui se passe lorsque tout indique une direction spécifique dans la tendance du marché, te poussant à acheter (s'il semble que les prix sont sur le point de monter) ou à vendre (s'il semble qu'ils sont sur le point de baisser), puis que l'effet inverse se produit.

Par exemple, si tu achètes une action à cinq dollars par action parce que l'action semble avoir chuté à son sommet et semble amorcer une tendance à la hausse, puis, de façon inattendue, l'action s'effondre à un dollar par action, cela est considéré comme un effet coup de fouet. Si cela t'arrive, comme ce sera sûrement le cas si tu joues sur le marché assez longtemps, la meilleure chose à faire est d'attendre. L'action fera l'une des deux choses suivantes : soit elle se dissoudra complètement, et l'entreprise fera faillite (c'est ce que tu ne veux pas qu'il arrive), soit elle rebondira, et tu peux choisir d'attendre une chance de faire un profit, ou tu peux sortir dès que le taux d'achat est atteint.

Les coups de fouet ne sont pas la fin du monde, et personne ne peut s'attendre à gagner de l'argent à chaque achat en bourse. Cependant, si tu constates que tu es impliqué dans plusieurs de ces cas, tu devrais sérieusement reconsidérer tes options d'investissement. Il est possible que tu lises mal les signaux ou que tu choisisses de mauvaises actions. Tu devrais demander conseil pour tout investissement futur que tu prévois de faire avant d'acheter d'autres actions ou titres.

Une autre façon de renverser un mauvais investissement comme celui-ci est de procéder à une transaction compensatoire - un achat ou une vente qui compense la perte d'une transaction précédente. Tu pourrais acheter plus d'actions de la même entreprise au prix inférieur si tu t'attends à ce qu'elle se rétablisse, ou tu pourrais opter pour un autre produit en vogue dont le prix est sur le point d'exploser, ces deux solutions t'aideront à compenser ta perte. Tu pourrais aussi vendre des actions d'un titre dans lequel tu as un montant important de gain non réalisé - gain qui ne peut pas être mesuré en liquidités ou en espèces en raison de l'augmentation de la valeur des actions et des titres détenus - afin de remplacer la valeur perdue en espèces.

Toutes ces options sont valables pour récupérer une perte, mais attendre que la valeur de l'action rebondisse est toujours le premier choix. Elle permet d'éviter la perte de fonds déjà investis, de conserver la possibilité de poursuivre les bénéfices et de réduire le risque de nouveaux investissements sur le marché.

Au fur et à mesure que tu grandiras et que tu apprendras à connaître ces différentes options, tu devras te sentir plus à l'aise lorsque tu seras entouré de gourous financiers et de geeks parlant un charabia, bredouillant des mots que tu n'as jamais entendus à gauche ou à droite. Le chapitre suivant te guidera à travers certaines significations des principaux mots à la mode utilisés sur le marché boursier et dans le district financier international.

CHAPITRE 9 : MOTS CLÉS À CONNAÎTRE

Maintenant que tu en sais un peu plus sur le marché boursier et que tu as décidé de t'essayer à l'investissement, tu devrais te préoccuper davantage de comprendre le jargon que tu entends sur le parquet. Même si tu ne te retrouveras probablement pas parmi une bande d'agents de change hurlants à Wall Street (et de nos jours, la plupart des transactions se font de toute façon sur un ordinateur), sache qu'apprendre à parler fait partie de la marche.

Marges, écarts et autres conditions

D'accord, il s'agit de marges, pas de margarine, mais cela semble très similaire. Pour comprendre la bourse, et plus particulièrement le Forex, il faut parler non pas une langue destinée à la communication courante, mais la langue du commerce. Par exemple, lorsque l'on pense à une marge, cela signifie pour beaucoup une variable - comme la "marge d'erreur" d'une statistique.

Cependant, dans le domaine du commerce, il désigne la somme d'argent empruntée par un courtier afin d'acheter des actions lorsque le marché est en baisse. Ensuite, lorsque la valeur entame sa prochaine hausse, tu vends l'action au prix le plus élevé, tu rembourses la marge (ainsi que la prime accumulée) et tu gardes le bénéfice.

Lors d'un achat sur marge, l'argent prêté par l'agent de change s'appelle un compte sur marge. Le compte sur marge est provisoire, basé sur la valeur des actions. Occasionnellement, si la valeur des actions achetées tombe trop bas par rapport à la marge de sécurité fixée par le courtier, l'agent demandera que plus d'argent soit déposé sur le compte de marge pour compenser la perte. C'est ce qu'on appelle un appel de marge.

Dans certains échanges, la valeur marchande n'entre pas en ligne de compte. Par exemple, un échange à terme est mis en place entre deux individus ou deux entreprises en dehors du marché libre. Elle implique un processus de négociation et un éventuel compromis sur le prix. Habituellement, il y a une offre faite - l'offre d'acheter une marchandise à un certain prix - et un prix demandé ou une offre - le prix auquel l'autre entité commerciale est prête à vendre les titres ou autres intérêts. La différence entre ces deux nombres d'achat s'appelle l'écart.

Si l'écart ne peut pas être réduit et éventuellement fermé, aucun accord ne peut être conclu. Ce prix convenu est appelé prix à terme, et tous les détails impliqués dans le processus de négociation lorsque ce type de transaction a lieu sont détaillés dans un contrat et appelés points à terme. En général, le prix à terme est décrit comme disponible pour une date particulière, et si la transaction n'est pas réalisée à cette date (appelée date de transaction), alors l'échange doit être renégocié.

Jobbers, Yards, et autres termes anglais

L'un des principaux marchés étrangers que les Américains qui font du commerce sur le Forex rencontreront est le Royaume-Uni. Alors que de nombreux autres termes liés au marché boursier seront similaires en raison de la langue commune, il y a certains termes spécifiques qui sont très différents dans le vocabulaire commercial britannique.

Par exemple, aux États-Unis, les agents de change qui détiennent des titres achetés à bas prix afin de les vendre à des clients sur un marché où les prix sont plus élevés (pour que le client puisse se retourner et les revendre à profit sur le marché libre) sont appelés des teneurs de marché. Cependant, en Grande-Bretagne, ce type d'investisseur est simplement appelé "jobber".

Un autre terme que tu dois connaître est celui de "cour". Cela ne fait pas référence à un morceau de terre verte, à une mesure en pouces, ou même à 36 de quelque chose. Ce terme est utilisé en référence à la quantité de monnaie plutôt qu'à sa valeur et équivaut à un million d'unités de la monnaie en question. En d'autres termes, tu peux avoir un mètre de dollars ou un mètre de yens, et même s'il s'agit de la même quantité de billets, de pièces ou de toute autre monnaie physique utilisée, leur valeur n'est pas nécessairement équivalente.

En Grande-Bretagne, ils n'utilisent ni l'euro ni le dollar américain. Ils ont choisi d'utiliser encore la livre sterling, une monnaie utilisée dans le pays depuis des centaines d'années. Cependant, la Grande-Bretagne est actuellement sur la voie d'une conversion à l'euro dans les cinq prochaines années.

Ouvert et fermé

En bourse, il existe différents types d'ordres qui peuvent être passés pour te protéger d'un mauvais investissement ou pour limiter le montant que tu paies pour un certain titre ou une autre marchandise. Par exemple, si tu as fait un mauvais investissement et que tu ne veux pas réinvestir dans un titre particulier, tu dois vendre toutes les actions de ce titre, même si tu subis une petite perte. Cette action s'appelle la fermeture d'une position. À l'inverse, si ton investissement fonctionne bien, tu peux participer à un roulement, en réinvestissant simplement tes gains dans des actions supplémentaires.

Un ordre ouvert est exactement ce à quoi il ressemble ; cela signifie que l'ordre reste en attente jusqu'à ce qu'il soit exécuté par ton agent de change ou annulé par toi en tant que client. Un ordre stop annulerait tous les ordres en attente que tu as placés auprès de ton agent de change. Tu as aussi des options telles que L'une annule les autres commandes. Ceux-ci te permettent d'avoir un intérêt dans différentes matières premières, en laissant des ordres à ton agent de change pour qu'il les achète toutes si elles tombent à un certain prix. Ensuite, si l'un d'entre eux atteint ce prix bas prédéfini, ton agent de change suivra tes directives et investira ton argent dans ce titre particulier, ce qui sera suivi d'une annulation de tous les ordres supplémentaires.

Lorsqu'un courtier te donne une estimation du prix d'une action ou d'une marchandise particulière, on considère qu'il s'agit d'une cotation. Une cotation n'est jamais complètement exacte et est généralement appelée prix au comptant, puisque la valeur d'un titre peut changer en quelques secondes. Cependant, il est aussi proche de l'exactitude que l'on peut s'y attendre. Lorsque tu passes un ordre, le courtier traite l'exécution, ou la réalisation, de cet ordre.

La valeur réelle à laquelle la transaction est effectuée est appelée le prix de remplissage. L'achèvement d'une transaction ou d'un achat, appelé règlement, peut également être appelé exécution d'une transaction ou réalisation d'un ordre. Comme tu peux le constater, il y a beaucoup de termes à considérer, et nous n'avons même pas commencé à examiner les termes utilisés dans certains des domaines les plus difficiles du marché.

Ensuite, nous examinerons certaines options de trading spécialisées et plus complexes que tu peux utiliser sur le Forex pour profiter de la volatilité du marché et de l'évolution constante des taux de change.

CHAPITRE 10 : EXPERT EN TRADING D'OPTIONS

Après avoir passé beaucoup de temps à acheter et à négocier sur les marchés nationaux et étrangers, tu verras que le processus devient plus facile et presque intuitif. Tu n'auras plus à travailler si dur pour déterminer la conversion des devises ou trouver la prochaine grande matière première explosive. Ce sera pour toi comme une seconde nature.

Quel est alors le prochain grand défi pour les négociants du marché libre ? Qu'est-ce qui empêche les choses de devenir monotones et ennuyeuses ? Tout d'abord, il se passe toujours quelque chose de nouveau et de différent sur le marché des changes. N'oublie pas qu'il fonctionne 24 heures sur 24 et que tu ne sais jamais ce que tu trouveras en te réveillant le matin. Cependant, il existe différents moyens de tirer parti de la variance dans la conversion des devises et du décalage entre les marchés qui peuvent affecter les valeurs de négociation.

L'arbitrage

Certaines matières premières sont négociées en plusieurs devises sur plusieurs marchés du Forex. Bien que les ordinateurs aient rendu la communication mondiale presque rapide comme l'éclair de nos jours, tous ces marchés peuvent échanger ensemble avec des valeurs relativement équivalentes pour les titres partagés entre les monnaies.

Cependant, le système n'est pas parfait, et la valeur peut augmenter ou diminuer dans un pays et une monnaie avant que le même changement de valeur n'atteigne une autre frontière. Les traders expérimentés ont appris à tirer profit de ce décalage dans la tendance du marché en utilisant un procédé appelé arbitrage. Dans cette transaction, on achète une action ou un titre particulier sur le marché où le prix est le plus bas et on vend simultanément la même chose sur un marché où la valeur est plus élevée. Le processus est un peu complexe, c'est pourquoi nous allons utiliser un exemple. Disons qu'un dollar américain équivaut à 0,5 livre sterling, ce qui signifie que tout sera deux fois plus cher en livres sterling.

Maintenant, examinons le prix d'une action négociée sur les deux marchés. Si elles étaient équivalentes, l'action se négocierait à deux dollars aux États-Unis et à une livre au Royaume-Uni. Cependant, si quelque chose se produit et que la valeur des actions chute au Royaume-Uni, celui-ci a six heures d'avance sur les États-Unis, et cette chute peut ne pas toucher immédiatement le marché américain.

Si la valeur de l'action tombe au Royaume-Uni à 0,8 £, le prix d'achat est maintenant inférieur au prix en dollars en raison de la conversion des devises. Dans ce cas, il y aurait arbitrage lorsqu'on achète des actions sur le marché britannique en livres sterling et qu'on les vend sur le marché américain en dollars, en bénéficiant de la lente communication de la baisse de la valeur de l'action. En effet, tu gagneras 0,40 $ par action.

Volatilité des conversions de devises

Une autre façon de profiter de la valeur en constante évolution de chaque devise est de négocier sur la base des taux changeants. Qu'est-ce que cela implique exactement ? Tu dois examiner de près l'évolution des taux de conversion. Lorsque le taux de conversion d'une devise change radicalement, il est temps de passer à l'action. Cela ressemble beaucoup à l'arbitrage, mais la zone est beaucoup plus risquée en raison de la forte volatilité. Par exemple, si tu as acheté une action dans le scénario précédent sur le marché américain pour deux dollars par action, et que soudain la livre sterling gagne en valeur, tombant à une conversion de seulement une demi-livre pour deux dollars, tu voudrais vendre tes actions sur le marché britannique parce que la valeur d'une livre est plus élevée et qu'elle a maintenant plus de pouvoir d'achat.

Un conseil à garder à l'esprit, cependant, est qu'il est préférable de se débarrasser de tous les actifs liquides en devises étrangères immédiatement, généralement le jour même. Nous parlons de demain parce qu'il faut deux ou trois jours ouvrables pour que les devises étrangères soient livrées, et en échangeant les devises contre une valeur boursière le même jour ouvrable, nous évitons de devoir prendre livraison des devises tout court.

CHAPITRE 11 : AUTRES OPTIONS COMMERCIALES

Outre les options expertes décrites ci-dessus, il existe d'autres moyens non traditionnels de gagner de l'argent en bourse. En considérant ces options, il faut toutefois envisager de faire carrière dans le commerce des actions et des titres. Certains types de commerce ne sont tout simplement pas pour les âmes sensibles, ce qui signifie que tu dois avoir une motivation totale et un esprit d'aventure pour prendre part à ces domaines du marché. Les chances de prendre un coup géant et de subir une grosse perte sont multipliées.

Échanges quotidiens

Les day traders prennent certains des plus gros risques du marché. Parce que les day traders travaillent avec des investissements qui changent radicalement en quelques heures, ils sont par nature dans la fosse aux lions. Ces actions sont extrêmement volatiles, et pour la plupart, le day trading est un moyen rapide de perdre une grande quantité d'argent. Il est difficile de gagner une grosse somme d'argent de cette façon, et il est encore plus difficile de prédire le résultat de ces options de négociation d'actions en journée. On ne peut pas être sûr de la position overnight (la valeur nette à laquelle un agent de change ou un day trader ouvrira le lendemain matin).

Et sur le Forex, il y a peu de place pour le day trading, car le marché ne ferme jamais pendant la semaine de travail. Dans ce cas, le day trader doit se fixer une limite de temps pour sortir, en vendant toutes les actions, afin de pouvoir dormir tranquillement pendant que le monde tourne et commencer le lendemain tout frais.

Le day trading est très dangereux et n'est pas recommandé aux nouveaux venus. En fait, ce n'est pas du tout recommandé, et la plupart des personnes qui participent à cette partie volatile de l'industrie sont soit extrêmement aguerries aux opérations sur le marché libre, soit ne considèrent pas les facteurs de risque avec suffisamment d'attention avant de se lancer dans cette branche du marché, soit ont suffisamment d'argent pour vouloir simplement essayer cette forme d'investissement et ne voient pas d'inconvénient à perdre une bonne somme d'argent.

Marchés secondaires

Les marchés secondaires sont intéressants en ce sens qu'ils sont créés par le gouvernement pour aider à redistribuer l'argent utilisé pour les prêts. Fannie Mae et Freddie Mac sont deux des principales sociétés dont les actions sont achetées sur un marché secondaire.

Voici comment cela fonctionne. Lorsqu'une personne achète une maison, elle contracte un prêt auprès de la banque, généralement pour environ quatre-vingts pour cent du coût de la maison. Celle-ci est accordée, et la maison est achetée par la banque pour la personne ou la famille, qui commence à payer le prêt à la banque.

Pendant ce temps, pour s'assurer que l'argent est disponible dans cette banque pour la prochaine personne qui a besoin d'un prêt hypothécaire, Fannie Mae ou Freddie Mac, deux entités créées à l'origine par le gouvernement américain, achèteront le prêt à la banque. Par conséquent, l'argent est rendu à la banque pour être utilisé à l'avenir.

Que font ensuite ces agences avec le déficit qu'elles ont acquis ? Ils le vendent. Sur le marché secondaire, ils divisent le prêt en actions qui sont garanties par le prêt lui-même et vendent ces actions, récupérant ainsi l'argent des investisseurs. Ces titres finissent par arriver à échéance, probablement en même temps que le prêt initial est versé à la banque, et les investisseurs récoltent les fruits de leur investissement grâce aux intérêts perçus.

Une autre façon de profiter de la volatilité du marché boursier international est de faire un swap. Il s'agit de l'échange de titres ou d'obligations pour profiter de la baisse des taux d'intérêt. Par exemple, si une entité commerciale en Grande-Bretagne détient une obligation, et qu'une autre au Japon détient une obligation différente, les deux marchandises peuvent être échangées ou vendues à titre bénéficiaire l'une à l'autre pour économiser sur les taux d'intérêt si l'obligation ou le titre actuellement détenu l'est à un taux d'intérêt plus bas sur le marché opposé.

Par exemple, disons qu'une entreprise détient une obligation "A" qui ne rapporte que deux pour cent d'intérêt sur son marché actuel, et qu'une autre détient des obligations "B" sur son marché à trois pour cent d'intérêt. Si l'obligation A rapporte effectivement trois pour cent sur le marché étranger et que l'obligation B peut être encaissée pour quatre pour cent sur le premier marché, les deux parties peuvent gagner plus d'argent avec un échange d'obligations. Ils peuvent bénéficier mutuellement d'une vente de titres à l'autre en raison d'un gain de plus d'intérêts.

Si cela te semble confus, alors peut-être qu'un échange n'est pas dans ton avenir proche. Il s'agit plus souvent d'un accord entre les entreprises sur le marché étranger qu'entre les parties individuelles, bien qu'avec le bon courtier, il soit possible d'y parvenir. Cependant, si tu devais conclure l'affaire, tu n'aurais pas besoin de savoir grand-chose, si ce n'est que ta marge bénéficiaire est plus élevée qu'avant, et que ton courtier s'occupera du reste.

Si tu décides d'avoir des options d'achat d'actions en tant qu'entreprise, tu décideras probablement d'engager un conseiller à temps plein pour tous tes besoins financiers, y compris la gestion de tes stocks d'actions. En fait, lorsque les entreprises sont assez grandes et ont une présence commerciale assez forte au sein du marché, en particulier sur le Forex, tu constateras qu'il existe des départements entiers dédiés au maintien des options d'achat d'actions.

CHAPITRE 12 : EN REVUE

Après avoir parcouru des piles d'informations et acquis tant de connaissances, tu as probablement l'impression de nager dans la terminologie et de ne plus savoir par où commencer. La meilleure façon de retenir les connaissances est la répétition, et avoir un guide de référence rapide n'est jamais une mauvaise idée. Les pages suivantes constituent un bref aperçu des discussions de ce livre, te permettant de te référer rapidement à un sujet dans un moment de difficulté.

Commerce de base

Une action est une participation dans une entreprise dont la valeur varie en fonction du désir ou du besoin de biens ou de services de cette entreprise particulière. En tant qu'actionnaire, ta valeur nette augmente et diminue en fonction de la prise d'une position courte (vente) lorsque les valeurs sont élevées et d'une position longue (achat) lorsque les prix sont bas. Tant que l'action ou le titre est en ta possession, la variation de valeur est considérée comme un gain ou une perte non réalisé(e) car tu ne peux pas l'évaluer en liquidités (espèces).

Lorsque la plupart des produits de base échangés sur le marché suivent une forte tendance à la hausse pendant un certain temps, on parle de marché haussier. Si la valeur prend une forte oscillation à la baisse et continue sur cette voie, on parle d'un marché baissier. Si aucune tendance de ce type n'est reconnue et que la valeur des actions et des titres est assez uniforme, on parle d'un marché plat.

Le marché des changes

Le marché des changes est la bourse sur laquelle différents pays dans différents fuseaux horaires échangent leurs marchandises nationales et internationales dans diverses devises. La monnaie est la dénomination ou la division monétaire utilisée dans un pays donné (comme le dollar américain ou l'euro). Lorsque plusieurs devises sont utilisées, elles sont généralement exprimées sous la forme d'un rapport appelé taux croisé, qui indique le montant d'une seconde devise équivalent à la première citée. La détermination de l'équivalent s'appelle la conversion des devises.

Plusieurs pays européens, qui ont maintenant consolidé leurs monnaies pour se mettre d'accord sur l'Euro (depuis 1999), font des échanges sur le Forex, comme on l'appelle en abrégé. La Grande-Bretagne, qui a jusqu'à présent choisi de continuer à utiliser la livre sterling, participe également au commerce international, tout comme les États-Unis, le Japon et l'Australie. Chacun de ces pays utilise sa propre monnaie à des fins commerciales standard, avec la possibilité d'investir dans des devises étrangères. Déterminer si cela en vaut la peine ou non dépend du taux de conversion de la monnaie.

La valeur de la monnaie d'un pays est déterminée par son gouvernement et sa banque fédérale (la Réserve fédérale, plus connue sous le nom de Fed, est la banque fédérale des États-Unis). La modification intentionnelle du taux de conversion par un gouvernement est appelée évaluation - la dévaluation consiste à retirer de la valeur et de la force à la monnaie, tandis que la réévaluation ajoute de la force et du pouvoir d'achat à la monnaie. Si le taux de conversion change naturellement en raison d'événements et de la volatilité du marché, on parle d'appréciation et de dévaluation.

Carrières sur le marché

Sans l'aide de professionnels, il est presque impossible de faire du commerce sur le marché libre. Les analystes de marché suivent les tendances du marché boursier qui influencent la valeur des actions. Ils utilisent ces informations et l'historique de base pour aider à prédire le résultat des différents aspects du marché à l'avenir.

D'autres personnes, appelées chartistes, créent des graphiques qui interprètent toutes les données - divers chiffres, statistiques, pourcentages, etc. - en un graphique de chandelier facile à lire qui trace les tendances de produits spécifiques sur le marché.

Un agent de change est une personne ou une entreprise qui t'aide à faire tes investissements. Un courtier peut t'aider à prendre des décisions financières intelligentes en t'aidant à suivre tes ordres et les tendances du marché.

Un teneur de marché fait le même travail qu'un agent de change, à l'exception du fait que cette personne ou cette société maintient un investissement dans une variété particulière d'actions et d'obligations qui peuvent être vendues à un client à un prix inférieur dans un court laps de temps afin que le client puisse gagner de l'argent en vendant immédiatement les mêmes actions au prix du marché plus élevé.

D'autres personnes peuvent aider à l'obtention de prêts, ce qui te permet d'acheter sur la marge. Il s'agit de la démarche inverse : emprunter de l'argent pour acheter une action ou un titre dont la valeur marchande est faible afin que le client puisse ensuite le revendre à un prix plus élevé.

Protège tes investissements

Il existe plusieurs façons de protéger tes investissements. En passant des ordres à cours limité, tu garantis au mieux que tu ne perdras pas d'argent sur le marché et tu garantis pratiquement au moins un bénéfice minimum. Cependant, si tu changes d'avis sur ces limites, tu peux toujours placer un ordre stop. Si tu laisses des instructions permanentes à ton agent de change, elles sont appelées ordres ouverts et le restent jusqu'à ce que la transaction soit effectuée et l'ordre exécuté.

Essaie de placer tes ordres limites juste au-dessus des niveaux de soutien (les niveaux de valeur les plus bas auxquels une action peut tomber) et juste en dessous du niveau de résistance (le niveau supérieur au-dessus duquel la valeur d'une action a peu de chances d'augmenter).

Fixe également une date de valeur - une date à laquelle tu pourras prendre la moyenne de la valeur d'une marchandise particulière et examiner tes options. Elle doit être revue au moins tous les six mois si tu as l'intention de conserver des actions d'un titre particulier.

CHAPITRE 13 : UNE DERNIÈRE OPTION

Bien que le "Chapitre 13" ne soit pas une façon appropriée de terminer une aventure financière, c'est, dans ce cas, l'une des conclusions les plus importantes d'un outil incroyablement utile et plein de conseils d'investissement, surtout lorsqu'il est placé à la fin d'un livre pour offrir de l'aide à ceux qui sont menacés de faillite à cause de mauvaises décisions d'investissement. Il y a toujours des moyens de faire demi-tour quand on a commencé à marcher sur le mauvais chemin. Tout comme le fait de passer à une nouvelle voiture après avoir acheté une voiture minable qui n'a été qu'un cauchemar, il est possible d'inverser le sens.

Certaines personnes peuvent passer des jours, des mois et même des années à essayer de conquérir le marché boursier sans y parvenir. Dans certains cas, il est pratiquement impossible pour un individu de comprendre la fonctionnalité du marché. Si tu n'es pas capable de suivre les tendances du marché, il vaut mieux que tu ne prennes aucune décision d'investissement.

C'est normal de ne pas s'adapter au marché. En même temps, tu peux toujours gagner de l'argent avec des investissements. Une dernière option qui s'offre à toi est de créer un compte discrétionnaire. Cela signifie que tu signes un contrat avec ton agent de change et que tu lui remets une somme d'argent à investir, laissant la détermination du placement de cet investissement entre les mains de ton agent. Tu n'auras plus jamais à t'inquiéter d'avoir fait un mauvais investissement. En fait, dans ce scénario, tu n'as même pas besoin de suivre les tendances du marché ou d'autres informations qui ont trait à l'investissement financier. Ton courtier te fera simplement savoir si tu as augmenté ta valeur nette ou si ton patrimoine a plongé.

Quels que soient les choix que tu feras concernant l'entrée en bourse, tu ne dois pas t'inquiéter de ne pas avoir les informations essentielles pour t'aider dans tes premières expériences de trading. Maintenant, tu as les connaissances de base et le guide de référence essentiel pour commencer sur le chemin de la réussite et de la richesse auquel tu peux accéder à tout moment.

FOREX TRADING

INTRODUCTION

Forex (FX) est un acronyme pour Foreign Exchange et le trading Forex fait donc référence à l'échange de devises de différents pays les unes contre les autres.

Avec plus de 2 000 milliards de dollars d'échanges par jour, le Forex est le plus grand marché du monde, dépassant le marché boursier, et le meilleur, c'est qu'il est ouvert 24 heures sur 24 !

Comment gagner de l'argent avec le Forex ? Le trader du Forex génère des profits en spéculant sur la hausse ou la baisse d'une devise par rapport à l'autre.

Commence par choisir une paire de devises dont tu t'attends à ce qu'elle change de valeur et passe ton ordre. Par exemple, tu as dépensé 1 600 dollars pour acheter 1 000 livres sterling aujourd'hui.

Quelques mois plus tard, si la valeur de la livre sterling par rapport au dollar augmente, disons 1 000 £ contre 2 000 $, tu gagneras 400 $ lorsque tu choisiras de mettre fin à l'opération. Tu peux aussi conserver la paire de devises pendant quelques minutes ou quelques jours, selon ta stratégie.

On pense généralement que les meilleures opportunités de gagner de l'argent se trouvent dans les devises les plus couramment échangées, à savoir le dollar américain, l'euro, la livre sterling, le franc suisse, le yen japonais, le dollar canadien et le dollar américain.

Bien qu'historiquement réservé aux grandes institutions financières et aux entreprises, le Forex est maintenant accessible aux membres du public en raison de la prévalence de l'Internet et constitue donc une bonne occasion pour les investisseurs de faire fructifier leur argent.

Contrairement à une idée répandue, tu n'as pas besoin de beaucoup d'argent pour commencer à négocier sur le Forex. Certaines personnes commencent même avec seulement 200 dollars.

Bien qu'il y ait des personnes qui gagnent leur vie en s'appuyant uniquement sur le trading sur le Forex, il est important d'être réaliste avec tes attentes, surtout si tu es débutant. Aussi facile que cela puisse paraître, apprendre les bonnes stratégies et pratiquer le paper trading avant d'utiliser de l'argent réel peut t'éviter de perdre ton argent durement gagné.

Après tout, aucun investissement n'est sans risque et c'est la façon dont tu gères le risque qui fait la différence.

Apprendre les bases du commerce du Forex

Tu cherches un endroit où investir ton capital ? Ne t'inquiète pas maintenant. Il y a le marché financier où tu peux investir de manière rentable. Il y a beaucoup de grandes entreprises qui négocient sur ce marché plus liquide et plus volatile et qui gagnent des bénéfices des deux mains.

Si tu aimes adopter une carrière de trader, grâce au trading sur le forex. C'est le meilleur endroit pour investir. Contrairement à de nombreux autres marchés boursiers, le trading sur le forex est l'endroit le plus approprié pour investir car il fonctionne 24 heures par jour. Elle est présente dans le monde entier et tu peux aussi faire du commerce par des moyens électroniques tels que l'Internet ou même avec ton téléphone portable.

Pour ceux qui ne connaissent pas encore les opérations de change, il s'agit simplement de l'achat et de la vente de devises. Ce n'est pas aussi simple qu'il n'y paraît. Cela implique beaucoup de détails techniques. Il est nécessaire d'apprendre beaucoup de choses sur le trading du forex avant de se lancer. Dans cet article, nous nous concentrons sur l'apprentissage du trading sur le forex.

Aujourd'hui, entrer sur le marché du trading du forex n'est plus un défi. Il n'est pas nécessaire de se rendre sur le véritable marché des changes, tu peux accéder au trading forex sur Internet.

Il existe de nombreux logiciels disponibles en ligne qui te fourniront des mises à jour opportunes sur les marchés, les cotations des devises, la hausse et la baisse de la valeur des devises, et ainsi de suite. Le logiciel analysera et te dira quand acheter ou vendre une devise.

Il est recommandé de rassembler autant d'informations que possible avant de commencer à négocier sur le marché des changes. Tu dois connaître les astuces du métier pour gagner plus de bénéfices. Tu peux apprendre le trading sur le forex grâce à l'expérience et à la pratique. Investir dans le trading forex et le maîtriser n'est pas un jeu d'enfant. Plus tu entreras sur le marché du forex, plus tu seras un acteur expérimenté de ce marché.

Bien que le trading sur le marché des changes soit un endroit idéal pour gagner de l'argent, il devient très coûteux en cas de fausse manœuvre.

La dernière chose, c'est lorsque tu dois faire des opérations sur le marché du Forex. Comme le marché du Forex est ouvert 24 heures sur 24 et 7 jours sur 7, tu peux faire des opérations quand cela te convient et tu peux en sortir quand tu le souhaites. Il te suffit d'anticiper la tendance du marché.

Comparé aux obligations et aux actions, le trading sur le forex est plus risqué. Mais il est plus volatile et tu peux gagner des milliards de dollars en quelques secondes.

Le trading sur le Forex n'est pas réservé aux grandes entreprises et organisations. Ce marché est ouvert à tous. Les seules conditions sont que tu disposes d'un capital suffisant et d'un compte pour le trading du forex. Tu peux opter pour le trading du forex en tant que tâche à temps partiel. Tu peux faire des échanges quand tu le souhaites.

Tu dois avoir le bon système pour faire du commerce. Obtenez la version gratuite du système avant de le prendre. Il analyse le système à travers des blogs de clients et des témoignages sur le fonctionnement du système.

Le dernier point, mais non le moindre, est la sélection d'un courtier forex expérimenté et respecté. Il peut te donner de nombreux conseils pour traiter sur le marché des changes et te montrer comment maximiser tes profits tout en augmentant les risques.

CHAPITRE 1 : CONNAISSANCES ET FORMATION SUR LE TRADING DU FOREX

Le marché des changes, également connu sous le nom de Forex, est devenu le plus grand marché financier liquide du monde.

Il n'a pas de lieu particulier, car les échanges se font par le biais d'un réseau électronique, impliquant ainsi le monde entier.

Le Forex n'est pas un marché sophistiqué, mais tu dois prendre certains aspects en considération si tu veux que tes transactions soient fructueuses. Tu peux vraiment gagner beaucoup d'argent, comme l'ont fait de nombreuses personnes qui sont devenues riches du jour au lendemain.

En même temps, il faut toujours garder à l'esprit que des risques sont également encourus. Il est nécessaire d'être correctement éduqué et d'avoir des connaissances adéquates sur le commerce du Forex avant de commencer à faire des transactions réelles.

De nombreuses écoles de commerce aux États-Unis proposent des cours sur le trading et les marchés financiers. Suivre de tels cours ne peut que t'être bénéfique, car ils te permettent d'acquérir les connaissances et les compétences nécessaires pour entrer sur le marché du Forex et faire du commerce avec succès.

Une bonne école de commerce t'apprendra à lire correctement les graphiques et à repérer correctement les tendances. La lecture d'un graphique te donne un aperçu de la direction que prend une certaine devise.

Ainsi, tu pourras décider de la monnaie avec laquelle tu veux faire du commerce. Lire correctement un graphique est la compétence dont tu as le plus besoin sur le marché du Forex. Il t'aide à réduire les risques de perdre ton argent et à augmenter tes chances de gagner de l'argent.

Lorsque l'on choisit une école en particulier, il faut tenir compte de celles qui proposent des opérations en temps réel sur des comptes modèles et même des comptes réels. C'est un fait que le meilleur apprentissage vient de l'expérience. Par conséquent, tu devrais être obligé de créer les deux comptes.

Tu as besoin d'un compte fictif pour t'entraîner et d'un compte réel pour faire des transactions. Ton compte réel ne doit pas être important, afin que tu ne perdes pas beaucoup d'argent si tu fais des erreurs. La pratique permet d'acquérir de l'expérience. Tu en apprendras plus sur le fonctionnement du Forex, ce qui t'aidera lorsque tu décideras de devenir un véritable trader sur le marché.

Différents systèmes de trading devraient être disponibles dans ces écoles afin que tu puisses les essayer et décider lequel est le plus facile pour toi. Plus important encore, sache comment ces systèmes fonctionnent et sont utilisés, afin d'éviter les erreurs sur le marché réel.

En raison du fait qu'il repose en grande partie sur la spéculation, le Forex est en effet un marché risqué. Tu dois avoir des connaissances sur le marché et les compétences nécessaires pour effectuer des opérations sur celui-ci. Tu peux gagner de l'argent très facilement, mais en même temps tu peux le perdre instantanément. Tu dois être correctement éduqué avant de commencer à négocier sur ce marché.

De nos jours, toute personne disposant d'un ordinateur et d'une connexion Internet peut faire du commerce sur le Forex. Tu dois garder à l'esprit le fait que le Forex ne peut pas garantir la victoire à tout le monde.

Plus tu as de connaissances, plus tu as de chances de faire des bénéfices dans le commerce du Forex. Il vaut mieux ne pas intervenir si tu penses seulement pouvoir le faire. Informe-toi d'abord.

Comment prendre de l'avance dans le jeu des transactions sur le Forex

De nos jours, toutes les entreprises sont confrontées à une concurrence féroce. Les entreprises paient des millions de dollars pour entrer sur leur marché cible exact.

Alors qu'il existe un marché qui te paie pour le savoir.

Il s'agit du commerce des devises. Le trading sur le Forex est le nom récent du marché des changes, où s'effectuent les achats et les ventes de devises.

Avant de te lancer dans les opérations de change, tu dois avoir une compréhension complète du marché des changes. Tu dois connaître les stratégies et tactiques de trading, les tendances du marché et les facteurs qui influencent la valeur des devises.

La recherche est l'élément le plus important du trading sur le forex. Pour obtenir des informations complètes sur le trading du forex, tu devrais suivre des cours de trading et des programmes de formation ou agir en tant qu'assistant d'un courtier.

Les formations au Forex te permettent de te familiariser avec le langage du trading. Il te permet également de comprendre les tendances du marché des changes. Il t'indique également le moment idéal pour acheter et vendre des devises.

Ces formations t'aident à faire face à d'immenses défis, à une forte demande de devises et au stress du marché. Ils t'équipent également pour gérer les circonstances indésirables avec patience.

Dans les cours de formation au forex, tu apprendras à analyser le marché lorsque l'achat et la vente de devises sont rentables et intéressants. Tu apprendras aussi à te débrouiller avec les logiciels et autres outils.

Les cours de trading t'aident à faire des analyses financières et fondamentales du marché. En plus de la théorie, les cours de trading forex te font comprendre la psychologie du trading et la gestion de l'argent.

Tout ce dont tu as besoin Les cours de trading sur le Forex te permettent d'entrer sur le marché des changes pratiquement par le biais d'un stage.

Ces cours offrent des pistes telles que des conférences avec des traders qui te feront apprendre à travers des exemples en temps réel. Grâce à ces expériences pratiques, ces discussions et ces informations, tu pourras comprendre parfaitement les opérations de change.

Internet est une source d'apprentissage plus efficace aujourd'hui. Il existe de nombreux sites Internet qui proposent des cours de trading forex en ligne à un prix optimal. Tu peux apprendre la gestion des risques et de l'argent, l'analyse financière et technique du marché, les stratégies et tactiques de trading.

Tu peux aussi participer à des cours en ligne sur les logiciels et outils modernes utilisés sur les marchés étrangers. Ils facilitent également les programmes d'abonnement à vie pour en savoir plus sur les dernières tendances du marché et les stratégies pour faire face à ces conditions de marché changeantes.

Chaque jour, il y a une nouvelle innovation ; les services en ligne te permettent d'apprendre de nouvelles façons de gérer les tendances changeantes du marché. Comme le nombre d'institutions de commerce en ligne augmente rapidement, cela te permet d'apprendre plus facilement d'autres façons de gagner des bénéfices. Il est possible d'avoir un suivi complet de la valeur des monnaies et des répertoires d'entreprises sur Internet.

De plus, on dit que l'alphabétisé et l'analphabète ne peuvent jamais être les mêmes. De même, on ne peut pas réussir dans le trading du forex sans apprendre le langage du marché, ses tendances, l'analyse des devises et l'analyse financière et technique du marché des changes.

L'apprentissage fera de vous de parfaits spéculateurs capables d'aborder toute situation avec sagesse et de minimiser les pertes tout en gagnant un maximum de bénéfices grâce à une mise en œuvre correcte des stratégies et des tactiques.

CHAPITRE 2 : ÉVALUER LE BON MOMENT POUR INVESTIR

Pour réussir à faire du commerce sur le Forex, tu dois être capable de comprendre les signaux de trading qui peuvent grandement contribuer à tes profits.

Choisis un graphique décrivant ces indicateurs de trading et opte rationnellement pour un système de trading qui peut optimiser le bénéfice de ces indicateurs de trading.

Ces signaux peuvent aider à prendre des décisions importantes concernant l'entrée et la sortie du marché ou à faire des ajustements dans les échanges de devises.

Les indicateurs techniques décrivent les faits et les chiffres du commerce en effectuant certains calculs mathématiques. Les graphiques Forex montrent les taux de change actualisés en permanence de différentes devises, les tendances à la hausse ou à la baisse et les indicateurs techniques.

Chaque graphique est mis à jour après une certaine période de temps. Il est nécessaire de connaître ces graphiques et indicateurs techniques avant de faire un investissement.

C'est une règle raisonnable que de consulter les graphiques avant d'entrer sur le marché des changes. On peut aussi consulter plusieurs graphiques pour comprendre le meilleur moment pour entrer. Après avoir maîtrisé l'évaluation des signaux d'entrée, il faut prêter attention aux signaux de sortie.

Envisage de nombreuses options de trailing stop, de stops fixes et de sorties limitées que tu peux utiliser. Si tu dois effectuer des transactions à découvert, essaie de te concentrer sur les "points d'inflexion" en comprenant tous les schémas à court terme qui peuvent se répéter à long terme.

Surveille les paires de devises pour comprendre ces fluctuations. Les traders préfèrent généralement fixer un pourcentage plus élevé pour une courte période, en optant pour la sortie limite.

Tu peux aussi consulter les signaux de sortie, qui sont basés sur les transactions en temps réel, pour prendre une décision concernant ta sortie.

En plus de consulter attentivement les indicateurs techniques, tu dois utiliser un signal qui correspond le mieux à tes conditions. Au lieu de prendre une décision au hasard, tu dois t'en tenir à un mécanisme logique. Essaie d'utiliser plusieurs signaux en fonction de nombreux paramètres qui te conduiront à l'aversion au risque.

L'évaluation des différents signaux Forex avec les indicateurs techniques te permet de contrôler ton investissement et d'anticiper les éventuelles fluctuations du marché.

Le trading sur le Forex nécessite une attention et une observation strictes, et toute négligence peut entraîner des pertes importantes. Les progrès technologiques ont permis d'analyser le marché des changes 24 heures sur 24 via Internet.

On peut aussi acheter et vendre des devises par téléphone, car la nécessité d'une présence physique a été éliminée dans le commerce moderne du Forex.

Aujourd'hui, si les indicateurs de trading du Forex répondent aux paramètres définis, tu recevras un avertissement pour investir ou vendre tes actions. Pour garantir le meilleur retour sur investissement possible, décide de suivre les signaux de trading d'un prestataire de services expérimenté.

Tu dois trouver le meilleur système de trading pour toi. L'évaluation logique des chiffres et des signaux te permet de saisir la bonne opportunité. Il est nécessaire de faire des recherches approfondies avant d'effectuer une transaction et de ne pas se fier à une seule source.

Lis des revues, des forums de négociation en ligne, des journaux et des magazines d'affaires sur les devises étrangères pour comprendre en profondeur le système sous-jacent de la négociation des devises étrangères.

Utilise un logiciel d'évaluation des signaux ou une méthode développée par n'importe quel expert en devises. Prends des notes et découvre le bon système de trading qui fonctionne pour toi.

Les opérations de change : Trouver le bon moment

Le Forex ou marché des changes est actuellement le plus grand marché financier du monde où toute personne alerte peut réaliser d'énormes profits.

Bien que le forex soit si vulnérable qu'il peut transformer les profits en pertes en un rien de temps, les échanges de devises se poursuivent 24 heures sur 24 (à l'exclusion des week-ends).

Il permet aux commerçants internationaux de mener leurs affaires sans problème, quelle que soit la disparité des monnaies entre les différentes régions du monde. En raison du volume d'échange de devises qui s'élève à des milliers de milliards de dollars par jour, le forex peut rapporter des fortunes aux cambistes du monde entier.

Les fluctuations des taux de change peuvent facilement compromettre les possibilités de profit d'un trader. Il faut savoir que le commerce du forex est plus un art qu'une simple chance.

Familiarise-toi avec les tactiques de ce jeu risqué et comprends les règles de base qui peuvent te permettre de réaliser d'énormes gains. Un facteur important qui peut contribuer fortement à tes profits est le bon moment pour vendre ou acheter des devises sur le forex.

En raison du décalage horaire entre les différentes régions du monde, l'activité commerciale ne reste pas à son apogée 24 heures sur 24. Il existe un moment optimal où le maximum d'acheteurs et de vendeurs se réunissent pour l'échange de devises.

Tu dois être conscient de l'importance de ces "heures de pointe" pendant lesquelles le volume des transactions explose, faisant du forex le marché le plus liquide au monde.

Le taux de change des monnaies n'est pas fixe, comme dans les banques et autres institutions financières. Les devises sont négociées à un taux de change flottant et s'échangent par paires telles que dollar/euro, euro/livre.

Il faut être très prudent en raison de l'incertitude qui entoure les taux des différentes monnaies, car l'actualité et les rumeurs peuvent grandement influencer la valeur d'une monnaie.

Selon l'heure normale de l'Est, Forex commence à travailler à 17 heures le dimanche jusqu'à 16 heures. Près de 85 % des commerçants traitent dans les principales devises. Le cycle commercial commence en Nouvelle-Zélande et s'étend à l'Australie et à l'Asie.

Le Moyen-Orient rejoint ensuite le marché des changes, suivi par l'Europe. En fin de compte, l'Amérique participe à l'échange. Les pays développés à l'économie forte jouent un rôle essentiel dans le commerce international des devises, avec d'importants centres de change à New York, Tokyo et Londres.

Tous les cambistes expérimentés savent qu'il y a un moment précis dans le forex où tous les marchés du monde prennent part à l'activité. Lorsque l'Europe et l'Amérique sont stimulées pendant les heures de fonctionnement de l'Asie, le volume des échanges atteint des milliards de dollars.

Comme un grand nombre d'acheteurs et de vendeurs de devises sont disponibles pendant ces heures, les capitaux deviennent très liquides et les taux de change sont déterminés.

Tu dois avoir un tableau décrivant les heures de travail du forex dans les différents pays. En Australie, l'échange de devises commence à 19 heures, d'après

Heure normale de l'Est et se poursuit jusqu'à 3 heures du matin. À 3 heures du matin, le Forex au Royaume-Uni ouvre ses portes et ferme à 11 heures. Les heures d'ouverture du marché des changes de Londres sont de 2 heures à 12 heures. Les heures d'ouverture à New York sont de 8h à 16h (heure de l'Est).

En ce qui concerne Tokyo, les devises sont achetées et vendues de 20 heures à 4 heures du matin. Toutes ces heures sont indiquées en fonction de l'heure normale de l'Est. Si tu dessines un diagramme, tu te rendras compte que pendant 2 heures et 4 heures du matin, les marchés ouverts d'Asie et d'Europe fonctionnent simultanément.

De même, pendant la période 8h-12h EST, les activités de change américaines et européennes coïncident. En tenant compte de ces heures de pointe, on peut être sûr d'atteindre le maximum de commerçants dans le monde entier et donc les chances de gagner des profits élevés augmentent considérablement.

CHAPITRE 3 : MARCHÉ DES CHANGES

Nous obtenons tous des diplômes professionnels et poursuivons des carrières pour assurer notre avenir.

Pour réaliser tous les désirs et les rêves, nous avons besoin de ressources suffisantes qui peuvent nous aider à accéder au luxe de la vie. Eh bien, ce pouvoir s'appelle l'argent, qui peut te faciliter la vie en t'apportant confort et facilités.

Les professionnels et les employeurs gagnent en moyenne assez d'argent pour couvrir toutes leurs dépenses, mais ils ne peuvent même pas penser à prendre des vacances de rêve ou à acheter des voitures de luxe ou des bijoux ostentatoires.

Car tu ne pourras pas échapper à de lourdes dettes plus tard. Envisage donc de gagner de l'argent en plus de ton travail habituel ou d'une petite entreprise et investis tes économies pour gagner des bénéfices sans dépenser ton temps et ton énergie.

Au lieu de déverser ton argent sur des comptes d'épargne bancaires qui offrent toujours un taux de rendement fixe sur une période donnée, essaie quelque chose qui est sans aucun doute risqué mais qui peut te porter chance. Cette opportunité est

appelé Forex, où les devises étrangères sont achetées et vendues 24 heures par jour. Maintenant, si tu penses que les traders internationaux échangent généralement des devises sur le Forex, alors qu'est-ce que tu as à voir là-dedans ? La technique est simple. Il te suffit de comprendre les règles du commerce et de l'échange, le moment et le taux d'échange.

Si tu es assez capable de juger le bon moment pour acheter une devise dont la valeur baisse en ce moment, mais qui devrait augmenter dans un avenir proche, tu peux faire des gains énormes au Forex.

Une devise étrangère est achetée en donnant une autre en échange, le commerce se fait donc par paires de devises étrangères. Les devises des pays développés sont échangées plus fréquemment que les autres. Les favoris sont les États-Unis, le Japon et l'Angleterre, qui considèrent finalement les paires de devises de ces pays comme importantes.

Le dollar américain contre la livre, le dollar américain contre le yen japonais, le dollar américain contre le franc suisse et la livre contre le dollar américain sont les paires de devises les plus échangées sur le Forex.

L'inconvénient de l'investissement sur le Forex est le risque encouru qui peut drainer ton investissement en raison des fluctuations du cours des devises. Lorsque les conditions sont réunies, un taux de retour sur investissement de 100 % est possible.

Mais si l'actif est faible ou si la valeur de la monnaie chute, tu devras supporter une énorme perte car la marge de perte est égale à la marge de gain. Ainsi, le Forex peut être un désastre financier pour toi si tu ne maîtrises pas le mécanisme et les tactiques de négociation.

Tu dois investir ton surplus d'argent sur le marché des changes et être pleinement conscient des éventuelles fluctuations du marché. Comme on dit "pas de gain sans douleur", le Forex est une opportunité de commerce dynamique.

Si tu ne veux pas gagner du temps ou de l'énergie pour examiner le Forex en permanence, tu peux faire appel à un agent de change ou à un analyste financier qui a de l'expérience dans ces transactions.

Même dans ce cas, tu dois être capable de lire et de comprendre les taux de change, les tendances du marché, les options d'achat et toute autre terminologie ainsi que la structure des marchés internationaux des changes. Lis les articles et

Des tutoriels en ligne qui amélioreront tes connaissances sur le forex et t'indiqueront les différentes règles du plus grand marché financier liquide. Garde une chose à l'esprit, investir dans le forex n'est pas un jeu de hasard, c'est plutôt un jeu technique, difficile mais rentable.

Les opérations de change : D'énormes opportunités

Le plus grand marché financier où l'on achète et vend des devises étrangères s'appelle le Forex, ou Fx. Les traders internationaux et les institutions financières telles que les banques, les sociétés de courtage et les grandes entreprises échangent généralement des devises et investissent d'énormes fonds sur le Forex.

En raison du grand nombre d'acheteurs et de vendeurs dans le monde entier, le Forex est considéré comme le plus grand marché de capitaux liquides. Les opérations de change représentent des milliers de milliards de dollars par jour et sont constamment surveillées par les analystes financiers et les courtiers du monde entier.

Les fluctuations des taux de change sont principalement appréciées par les grandes banques d'investissement et les institutions financières gouvernementales qui achètent d'énormes quantités d'une devise spécifique afin de la vendre à des prix plus élevés à l'avenir.

Les progrès technologiques ont permis au monde de rester connecté 24 heures sur 24 et d'échanger des devises lorsque les conditions sont propices au commerce. Chacun peut désormais trouver des informations complètes sur le Forex et les tendances des marchés financiers pour découvrir les bonnes stratégies avant de faire un investissement.

Les pays dotés d'une économie et d'une infrastructure solides jouent un rôle important sur le Forex, les devises des États-Unis, de la Grande-Bretagne, du Canada, du Japon et de l'Australie étant les plus fréquemment échangées. Les échanges de devises sur le Forex ne s'arrêtent que le week-end et se poursuivent 24 heures sur 24 tous les jours ouvrables.

Le plus grand avantage du change est l'immense dispersion géographique qui permet la vente et l'achat de devises au-delà des frontières, par Internet et par téléphone.

À ce jour, le Forex a acquis une acceptation et une importance internationales pour les échanges de devises et ne fixe le cours d'aucune monnaie. Au contraire, une devise est achetée à un taux de change fluctuant qui est déterminé par

la perception de la valeur de toute monnaie et la volonté des parties de la détenir. Gagner des bénéfices au Forex est plus facile que la méthode conventionnelle, où tu n'as pas besoin de produire ou d'échanger des biens. Il te suffit d'avoir des connaissances, de l'expérience et des fonds d'investissement.

Parmi les nombreux avantages de l'investissement dans le Forex, le principal est le capital facilement liquidable grâce à un grand nombre de courtiers et d'investisseurs disponibles tout au long de la journée. Tu trouveras toujours un acheteur ou un vendeur pour n'importe quel type de monnaie, partout dans le monde. C'est la raison pour laquelle le volume des transactions sur le Forex est énorme, de l'ordre de 1,5 million de dollars par jour.

De plus, l'investissement sur le Forex est un jeu technique et pratique et il n'y a pas de règles cachées ou de procédures de négociation complexes. Les données passées et actuelles sont disponibles pour étudier les tendances et les schémas des taux de change, et les prévisions et analyses futures peuvent être effectuées grâce à divers logiciels ou en observant l'actualité d'un pays spécifique.

Tu peux vendre ou acheter des devises littéralement toute la journée. Il suffit de consulter les heures d'ouverture si tu veux faire du commerce avec un pays forex spécifique. De nombreux courtiers ont permis aux petits investisseurs de placer de l'argent.

Tu peux contrôler ton argent investi avec un effet de levier élevé sur le Forex et tu peux avoir un taux d'effet de levier allant jusqu'à 1:400, ce qui signifie que tu gagneras...

400 dollars pour chaque dollar investi sur ton compte. Tu peux vendre tes devises directement à l'acheteur sans payer d'intermédiaire.

Ce n'est que si tu incorpores certains courtiers pour obtenir une aide financière que tu devras alors payer un certain pourcentage. Avec des connaissances solides, une observation fine et une recherche efficace, on peut faire fortune en investissant sur le marché des changes. Trouve le système de trading qui te convient et profite des logiciels spécialisés conçus pour révéler les tendances des taux de change.

CHAPITRE 4 : AUTOMATISER LES OPÉRATIONS DE CHANGE

L'époque actuelle connaît un essor technologique qui entraîne de nombreux changements à tous les niveaux du savoir et de l'être humain.

Le commerce n'a pas été épargné. Tout le monde fait du commerce d'une manière ou d'une autre. C'est devenu une nécessité pour la survie. Tu ne pourras faire face au monde moderne que si tu es ouvert d'esprit, efficace et travailleur.

Les gens échangent toutes sortes de choses, parfois sans même se rendre compte qu'ils sont réellement impliqués dans une telle activité. Le meilleur exemple est le trading sur le marché des changes.

Les individus échangent souvent des devises, même s'ils ne le pensent pas comme tel. S'ils en étaient conscients, ils sauraient qu'ils peuvent gagner de l'argent. Et c'est devenu tellement accessible.

Ce qui était autrefois le domaine exclusif des entreprises est aujourd'hui à la portée de presque tout le monde, surtout avec l'utilisation croissante de l'Internet. Dans le monde entier, les gens font du commerce en ligne. Ils peuvent également faire du commerce sur le Forex

en ligne, qu'ils soient riches ou non, du moment qu'ils sont connectés à Internet. Ce type d'entreprise nécessite des choses assez simples, comme un système sécurisé qui sert à produire des signaux.

Ces signaux générés automatiquement peuvent te donner l'occasion tant désirée de frapper le marché des devises. Tu peux les obtenir à partir de n'importe quel type de média, qu'il s'agisse de la télévision, des journaux ou des forums Internet.

Cependant, il y a un risque que les signaux que tu obtiens soient parfois déformés. Pour éviter cela, tu dois pouvoir choisir des signaux automatiques équilibrés et impartiaux.

Pour obtenir ces signaux, il est vital que tu aies le bon système, ce logiciel particulier qui est conçu dans le but de faire du commerce sur le Forex. Tu peux trouver de nombreux systèmes sur Internet. Comme tu t'en doutes, ils ne sont pas gratuits, mais tu peux essayer la version d'essai.

Tu es arrivé à l'étape la plus importante. Tu dois être absolument sûr d'avoir choisi le meilleur système avant de l'acheter. Tu dois savoir qu'il y a des gens qui essaieront de te convaincre d'acheter leur logiciel, un système qui ne fonctionnera pas une seule seconde.

Tu devrais faire ton choix dans cette liste de systèmes qui sont sur le marché depuis quelques années et qui ont acquis une réputation dans ce domaine. Tu peux te faire une idée de ces systèmes simplement en faisant des recherches sur Internet ou en participant à des discussions en ligne.

Maintenant que tu as le système, tu peux passer à l'étape suivante, celle de l'abonnement aux alertes automatiques concernant le trading sur le Forex. Tu es maintenant prêt à recevoir des avis et à te lancer dans les affaires.

Ces signaux automatiques t'avertissent de la valeur d'entrée et de sortie des principales devises. Tu sais en temps réel où se situe l'euro par rapport au dollar américain, ce qui te permet de négocier en conséquence toute la journée, toute la semaine.

Chaque fois qu'il y a un changement dans le commerce, tu reçois un avertissement. Il peut être envoyé à ton e-mail ou à ton téléphone portable. Ces alertes t'aident vraiment à prendre les décisions les plus judicieuses concernant tes opérations sur le Forex.

Stratégie automatisée de trading sur le Forex

Avoir un système de trading Forex automatisé peut te donner un avantage dans le trading Forex, mais avoir une stratégie Forex peut te donner un avantage. Si tu veux récolter des profits à long terme, ne fais pas de transactions en te fiant à ton instinct ou simplement parce qu'une transaction particulière t'excite.

Tu as besoin d'un système ou d'une stratégie de trading pour t'assurer d'obtenir des transactions et des échanges solides.

Une stratégie ou un système Forex consiste en des règles qui te guident sur la façon de négocier sur le marché Forex. Une stratégie ou un système Forex fournit des informations sur le moment d'entrer dans une transaction et sur la façon de la quitter. Il te permettrait également d'appliquer et d'utiliser les règles de gestion des risques.

Il existe des moyens de savoir si ta stratégie de trading sur le Forex est vraiment réussie ou bonne :

- Commence par savoir quel a été son succès dans le passé. Il est intéressant de savoir combien les utilisateurs précédents ou actuels du système ont gagné jusqu'à présent en utilisant la stratégie.
- En plus de cela, tu obtiens également des informations sur le montant de l'écart maximum du système lors de ses transactions précédentes.
- Il existe un ratio gains/pertes que tu peux également contrôler. Il s'agit de savoir combien tu as gagné par rapport à combien tu as perdu. En plus de cela, il y a aussi un ratio bénéfices/pertes. Il s'agit de la moyenne des échanges gagnants par rapport aux échanges perdants.
- Tu dois aussi savoir dans quelle mesure le système est régulier dans la réalisation des bénéfices.

Lorsque l'on choisit une stratégie Forex, il ne faut pas seulement prendre en compte le taux de réussite et le pourcentage de profit. Tu dois aussi tenir compte de ton mode de vie et du système qui peut être utilisé pour l'adapter ou le satisfaire. Tu dois savoir quel système de trading Forex peut être utilisé de manière appropriée dans ton fuseau horaire.

Une stratégie utile utilisée dans le commerce du Forex est ce qu'on appelle l'effet de levier. Avec la stratégie de l'effet de levier, tu gagnerais environ cent fois la somme d'argent que tu négocies sur ton compte.

De nombreux commerçants ont témoigné qu'ils ont pu remporter de nombreux bénéfices en utilisant ce type de stratégie. Donc, si tu as un compte Forex approvisionné, tu peux utiliser cette stratégie pour faire plus de profits.

Une autre stratégie est l'ordre stop-loss. Cette stratégie fonctionne en identifiant un point à partir duquel tu ne feras pas de commerce. Ce point de négociation est identifié et déterminé avant le début de la négociation.

Lorsque tu utilises ce type de stratégie, tu dois être capable d'analyser les signaux de trading afin de ne pas rater ta prédiction. Si l'opération que tu avais prévue ne s'est pas déroulée comme tu l'avais prévu, le système de stop loss pourrait s'avérer très désavantageux.

Le trading automatisé sur le Forex est un autre type de système ou de stratégie. L'entrée et la sortie d'un ordre seront déterminées par le système automatique. Là encore, le prix et le point auxquels le programme entrera ou sortira d'une transaction sont prédéterminés.

Ces stratégies de trading sur le Forex t'aideront à avoir de meilleures opportunités de trading sur le marché du Forex. Que tu utilises un effet de levier, un stop loss ou des systèmes et stratégies de trading automatisés sur le Forex, un succès à 100 % n'est pas garanti.

Ces stratégies ne sont pas destinées à te donner des transactions parfaites, car c'est impossible. Ces stratégies commerciales sont là pour nous aider à minimiser le risque de perdre en trading.

Avantages du système automatisé de trading sur le Forex

Les transactions sur le Forex représentent l'une des plus grandes parts de marché au monde. Il rapporte environ 3 000 milliards de dollars chaque année dans le monde. Mais le trading sur le Forex est avant tout spéculatif ; les profits et les pertes sont basés sur les mouvements de la monnaie.

Le tour des gros bénéfices attire de nombreux investisseurs. Même ceux qui débutent dans ce domaine souhaitent s'y inscrire, il existe un système de trading automatique sur le Forex qui pourrait les aider à faire la transition plus facilement.

Avec un système de trading Forex automatisé, tu disposerais d'un système planifié qui pourrait suivre la progression du trading Forex en temps réel. Il utilise un conseiller expert et un ensemble d'indicateurs qui interprète le commerce Forex et peut également montrer une opportunité de commerce.

Ce qui est bien dans l'utilisation d'un système automatisé de trading sur le Forex, c'est la rapidité avec laquelle les choses se font. Si tu es un nouveau venu dans le commerce, cela minimiserait le long processus d'apprentissage du marché et de ses règles.

Il n'est pas nécessaire de rester scotché 24 heures sur le marché du Forex pour comprendre ce marché. Le logiciel surveillerait les échanges 24 heures sur 24.

Cela te permettrait d'être informé de ce qui se passe en temps réel. Cela te permettrait d'apporter des modifications à ton compte en temps réel en fonction de l'évolution du marché. Des changements majeurs dans le commerce pourraient se produire en quelques secondes.

En outre, le système automatisé de trading Forex se débarrasse de l'aspect émotionnel et psychologique du trading. Il y aurait des moments où une série de pertes peut affecter ta façon de penser et d'analyser le marché.

Cela pourrait conduire à des décisions erronées et irréfléchies sur le marché. Mais le système et le logiciel de trading automatisé du Forex t'aideraient à faire face.

Le logiciel est également facile à utiliser et simple à installer. Tu peux le laisser fonctionner en pilote automatique. La configuration du logiciel ne prend que quelques minutes et tu peux ensuite le laisser opérer sa magie.

Tu peux réussir à faire du trading automatique sur le Forex surtout si tu utilises un système qui te convient et qui, en même temps, t'est familier.

Cela te permettrait également d'être flexible et d'avoir un commerce Forex diversifié. Le système de trading automatique du Forex peut fonctionner avec différents types de courtiers et différents types de devises. Tu pourras faire du commerce avec différents marchés et différentes devises. Tu peux faire des échanges pendant que tu es sur la route.

Mais le système automatique de trading sur le Forex n'est pas parfait. Si c'était le cas, beaucoup de gens seraient gagnants. La gestion de l'argent est toujours importante. Tu dois savoir combien tu es prêt à risquer.

Pour réussir, la plupart des traders doivent toujours avoir un pourcentage fixe de leur capital à risque. Ils peuvent augmenter la taille de leur transaction s'ils gagnent ou la diminuer s'ils perdent.

Si tu as déjà un système de trading Forex automatisé, alors il serait préférable de ne pas apporter de modifications aux paramètres ou aux configurations. Avoir un système automatisé de trading sur le Forex ne garantit pas le succès. Ce n'est pas non plus la seule chose sur laquelle tu dois compter pour réussir dans le commerce.

Certains facteurs peuvent influencer le commerce. Le marché du Forex change très rapidement en fonction de divers facteurs et situations. En plus d'avoir un système de trading Forex automatisé, l'investisseur ou le trader doit également avoir des connaissances sur le système de trading.

Risques liés au système de trading automatisé du Forex

Nous avons entendu dire à quel point le système automatisé de trading sur le Forex est génial. Il y a de nombreux avantages à l'utiliser. Mais ne s'agit-il que de bonnes choses ? Il y a deux faces à une pièce, alors quelle est l'autre face d'un système automatisé de trading sur le Forex ?

Certains traders et investisseurs diraient que l'intuition signifie beaucoup en matière de trading. Certains diraient qu'il a joué un rôle important lorsqu'ils ont conclu une affaire ou lorsqu'ils ont gagné lors d'un échange. Mais certains commerçants diraient que l'intuition ne joue aucun rôle.

Certains diront que cela fonctionne pour eux, tandis que d'autres le contestent. Mais comme certaines personnes se fient à leur intuition pour obtenir de bonnes transactions, un système automatisé ne pourrait pas les aider. Parce que les programmes et les ordinateurs ne sont pas du tout basés sur l'intuition.

Une autre chose courante que font les traders qui utilisent un système de trading Forex automatisé est de laisser leurs ordinateurs et leurs programmes prendre leur place dans le trading. En fait, c'est une excellente idée.

Avoir une machine qui fait ton travail à ta place en s'occupant d'autres choses. Mais cela se transforme en inconvénient surtout lorsque tu laisses le programme et l'ordinateur faire TOUT le travail.

Il est très facile de prendre ses aises avec cette configuration, en se fiant trop à son propre logiciel. En réalité, même les systèmes peuvent faire des erreurs. Il te faudrait aussi reconnaître les opportunités et en même temps faire du commerce de proximité.

Un autre inconvénient d'un système de trading Forex automatisé est de s'assurer que ton ordinateur est toujours en marche et que tu as un serveur dédié pour faire fonctionner ton trading automatisé. Cela permet de s'assurer que ton conseiller expert ou EA fonctionne avec ton ordinateur à la maison et au travail.

Il y aurait des moments où tu rencontrerais un modèle graphique ou une analyse de vague qui est très difficile à faire. Tu devras donc trouver des professionnels pour interpréter tes graphiques à ta place et décoder certains modèles extrêmement difficiles.

Une autre vérité à laquelle tu dois faire face est que tous les consultants expérimentés ne gèrent pas facilement les erreurs et autres événements imprévus. Par conséquent, tu dois te préparer à tout ce qui pourrait te décevoir.

Tout n'est pas parfait. Par conséquent, tu dois être prêt à affronter les déceptions et à les gérer. C'est pourquoi tu aurais toujours besoin de connaissances en matière de transactions manuelles sur le Forex.

Rien n'est parfait, même les ordinateurs et les programmes font encore des erreurs et peuvent avoir des difficultés à gérer les points inattendus et cruciaux du commerce. Les traders et les investisseurs préfèrent utiliser à la fois des systèmes automatisés et des opérations manuelles. Ils utiliseraient un système de trading automatisé s'ils trouvent le trading manuel difficile. Alors que des systèmes aussi simples que des schémas graphiques simples sont laissés à la main.

En plus de tout cela, un autre aspect négatif est que le trading automatisé sur le Forex est trop populaire sur Internet. Cela peut être bon ou mauvais. Ce qui est bien, c'est qu'obtenir un système automatisé est facile et à portée de main.

Du côté négatif, une trop grande popularité peut conduire de nombreux sites web à proposer des escroqueries et des tricheries sur Internet.

Il existe de nombreux systèmes automatiques de trading sur le Forex en vente sur Internet. Ils prétendent que leurs produits sont les meilleurs parmi les systèmes, mais ne respectent pas les normes. C'est pourquoi il est recommandé de vérifier les commentaires des clients et d'avoir une garantie de remboursement pour ton achat.

Utilisation d'un logiciel de trading Forex

L'argent est toujours nécessaire. Presque toutes les choses que nous devons avoir ou utiliser pour vivre doivent être payées. En fait, "many makes the world go around", comme le dit la chanson. Il n'est donc pas étonnant qu'il existe des systèmes permettant le commerce mondial des devises.

Plus grand marché financier du monde, le Forex fonctionne avec des milliers de millions de dollars dans le monde entier, 24 heures sur 24, sept jours sur sept. Un vrai commerçant saurait que ce marché peut sérieusement augmenter ses revenus et envisagerait de s'y impliquer.

Il existe déjà des logiciels à portée de main pour t'aider à développer ton trading sur le Forex grâce à la vente et à l'achat automatiques de devises par tes soins. Heureusement, l'éventail des choix est assez large, tu peux donc sélectionner le logiciel de ton choix.

Il existe également des sites Internet qui te fournissent un logiciel de trading gratuit lors de ton inscription, un bonus pour la création d'un compte Forex sur leur site.

Parfois, il ne s'agit que de la version de démonstration, et il est fort probable que tu doives payer pour la vraie.

Différents types de logiciels de négociation de devises sont accessibles sur Internet. Il est recommandé d'essayer d'abord les démos et de voir laquelle est la plus facile à utiliser, puis d'acheter la version complète. En tant que trader de devises, il est vital d'avoir un automatisme pour tes transactions sur le Forex.

Il existe essentiellement deux types de logiciels : ceux qui sont basés sur le Web et ceux qui sont basés sur le bureau. C'est toi qui choisis le programme dont tu as besoin, et c'est toujours toi qui sais si tu te sens à l'aise lorsque tu utilises un certain logiciel pour tes échanges.

Quel que soit le type de logiciel sur lequel tu as décidé de t'appuyer, tu dois savoir que la vitesse de l'Internet est essentielle. Il est extrêmement important que ta connexion Internet soit à haut débit, afin de te tenir à l'écart de tout décalage d'information, qui pourrait sinon entraîner une catastrophe financière.

Les logiciels de bureau travaillent avec des données stockées sur le disque dur de l'ordinateur. Même si les informations se trouvent sur le disque, il est nécessaire de protéger ce disque contre tout accident, virus ou piratage éventuel.

Il est fortement recommandé de n'utiliser qu'un seul ordinateur pour les opérations de change. Il existe aussi des ordinateurs conçus spécialement à cet effet, mais ils sont assez chers.

Les logiciels basés sur le Web diffèrent en ce sens que la sécurité doit être la responsabilité du fournisseur. Il est plus pratique à utiliser, car il n'est pas nécessaire de télécharger un logiciel. De plus, tu peux gérer tes transactions sur le Forex depuis n'importe où dans le monde. Tu as seulement besoin d'une connexion Internet pour accéder à ton compte.

En plus de ces différences, il y a aussi un prix. Alors que le type de bureau ne paie qu'une seule fois lors de l'achat du logiciel, le type basé sur le Web exige des frais mensuels pour la maintenance du système.

Chaque type de logiciel présente des avantages et des inconvénients. Ni l'un ni l'autre n'est bon ou mauvais. Celui qui correspond à tes besoins est le meilleur pour toi. Il est toutefois important de disposer d'un logiciel de trading Forex automatisé qui permet d'accéder en temps réel aux données et aux changements sur le marché.

CHAPITRE 5 : FOREX BEGINNER - COMMENT OUVRIR UN COMPTE FOREX

Contrairement au marché boursier, les opérations sur le Forex ne se déroulent pas dans un lieu physique et n'ont pas de bourse centrale.

Ainsi, un trader Forex peut effectuer des transactions où qu'il se trouve, 24 heures sur 24 pour un montant de 1,5 million d'euros.

5,5 jours par semaine ! Il n'est pas étonnant que le trading sur le Forex soit si attrayant pour de nombreux nouveaux investisseurs. Pour commencer à faire du trading sur le Forex, il faut d'abord ouvrir un compte de trading en ligne où toutes les transactions de devises auront lieu.

L'ouverture d'un compte Forex se fait en trois étapes simples :

-Choisir un site de trading Forex approprié

Il y a deux choses à prendre en compte pour choisir le site de trading Forex qui te convient le mieux. La première est l'effet de levier qu'offre le site. Chaque site propose un effet de levier différent, qui peut varier de 50:1 à 250:1.

Un facteur d'effet de levier de 50:1, par exemple, permettrait à une personne ayant 1 000 dollars sur son compte de négocier 50 000 dollars sur le marché du Forex. Si cela peut te permettre de faire de gros gains avec de petits investissements, cela peut aussi amplifier tes pertes si une transaction évolue en ta défaveur.

Il est important de comprendre les risques encourus lorsqu'on détermine l'effet de levier à utiliser. De plus, le site de trading doit être sans commission, car il n'est pas nécessaire de passer par un tiers, comme les courtiers en bourse.

Examine bien le site avant de te décider pour t'assurer qu'il offre les caractéristiques dont tu as besoin.

- Choisir un type de compte approprié

Les comptes de trading Forex sont disponibles en différentes tailles, allant de 25 USD (comptes micro/mini) à 10 000 USD (comptes standard). Choisis la taille du compte en fonction du montant que tu veux investir.

Choisis le compte de trading spot Forex, qui permet des transactions instantanées et qui est plus populaire, plutôt qu'un compte à terme.

- S'inscrire à un compte de trading Forex

La plupart des inscriptions se font en ligne et nécessitent tes données personnelles et celles de ta carte de crédit pour les échanges d'argent réel. Assure-toi de saisir correctement ton adresse électronique.

- Active ton compte de trading Forex

Il te sera demandé de vérifier tes données à travers plusieurs étapes. Assure-toi de lire et de comprendre les conditions générales avant de les signer en ligne. Porte une attention particulière aux heures d'ouverture du site, à la disponibilité d'une assistance technique en direct et aux éventuels frais/charges cachés.

Certains sites proposent également un compte de démonstration à durée limitée sans argent réel. Tu peux l'utiliser pour te familiariser avec les opérations de change avant de faire des transactions avec de l'argent réel. Félicitations ! Tu es maintenant prêt à te lancer sur le marché du Forex !

Comprendre le jargon du Forex

L'une des plus grandes frustrations des traders du Forex est l'énorme quantité de jargon. Googler ces termes ne semble pas non plus aider, car les explications contiennent le plus souvent d'autres jargons.

Cette section expliquera cinq termes techniques courants utilisés dans le commerce du Forex en langage profane.

- **Devis :** Les opérations de change se font toujours par paires et une devise est donc toujours cotée par rapport à une autre devise, par exemple USD/JPY, EUR/USD, AUD/GBP. Une citation serait la suivante : USD/JPY = 100.00.

La devise de gauche (dans ce cas, le dollar américain) est appelée "devise de base" et est toujours égale à une unité, tandis que la devise de droite (dans ce cas, le yen japonais) est appelée devise de cotation ou de contrepartie.

Une cotation correspond à la valeur d'une unité de la devise de base, donc cette cotation particulière signifie que 1 USD peut acheter 100,00 yens japonais.

- **Pip :** signifie "pourcentage en point", qui est le plus petit incrément de transaction sur le Forex. Les prix sur le marché du Forex sont toujours indiqués à la quatrième décimale, sauf pour le yen japonais ; par exemple, lorsque l'EUR/USD passe de 1,5200 à 1,5201, il augmente d'un pip.

Pour le yen japonais, 1 pip équivaut à 0,01 (deux décimales). La plupart des paires de devises se négocient entre 100 et 150 pips par jour.

- **Enchère / Demande :** Dans le Forex, faire une offre signifie "acheter" tandis que "demander" signifie "vendre". La cotation à gauche est le prix d'achat (bid) tandis que la cotation à droite est le prix de vente (ask), et le prix d'achat (bid) est toujours inférieur au prix de vente (ask). La devise de base serait la devise dans laquelle la transaction serait effectuée.

Prenons l'exemple de l'EUR/USD 1,2600/02. Vendre cette paire de devises signifie vendre la devise de base, c'est-à-dire l'EURO. Le marché achèterait tes 1 EURO de devise de base avec 1,2600 USD. Inversement, pour acheter 1 EURO, il faut 1,2602 yen japonais.

- **Spread :** c'est la différence entre le prix de l'offre et celui de la demande. En utilisant le même exemple que ci-dessus, l'écart était de 2 pips, que tu paies automatiquement à ton courtier sur chaque transaction.
- **Marge :** Le montant minimum d'argent requis pour effectuer une transaction avec un courtier. Tu peux effectuer des transactions tant que ton compte dispose de ce montant minimum, sinon tes comptes seraient fermés.

Comprendre la terminologie renforcera certainement ta confiance en toi pour faire du commerce et discuter de tes opérations avec d'autres commerçants sans avoir l'air d'un parfait novice !

CHAPITRE 6 : STRATÉGIES RÉUSSIES POUR LES TRADERS DE FOREX À PLEIN TEMPS

Si tu viens de démarrer ton activité Internet à domicile en tant que trader de forex à plein temps et que tu es un peu confus sur la façon de gagner de bons profits sur le marché du forex, alors ce chapitre est fait pour toi.

Démarrer une activité à domicile sur Internet en tant que trader sur le marché des changes est très facile. Tout ce dont tu as besoin, c'est d'un ordinateur avec une connexion Internet, d'un compte de change et d'un logiciel de trading de change. Gagner des profits réguliers sur le marché des changes est ton objectif principal et tu dois planifier tes stratégies en conséquence pour atteindre ton objectif principal.

Le trader forex à temps plein doit très bien connaître le marché du forex. Il n'est pas possible de savoir et d'apprendre en une seule journée. C'est le processus et tu dois entrer dans ce processus pour réussir sur le marché du forex. Tout d'abord, essaie de rassembler autant d'informations que possible à partir de différentes sources liées au marché du forex.

Alors cherche le meilleur cours de trading forex pour toi et apprends les différentes situations critiques sur le marché du forex et ce qu'il faut faire à ce moment-là. Une fois que tu auras terminé le cours sur le forex, teste tes connaissances et fais des transactions à l'aide de comptes forex fictifs. Les comptes forex fictifs sont les meilleurs amis des débutants en forex.

Tu y trouveras des situations réelles sur le marché des changes pour tester tes compétences sans prendre de risque puisque tu ne joues pas avec de l'argent réel. Une fois que tu t'es exercé avec des comptes forex fictifs, il est temps de te procurer le compte et la plateforme de trading forex qui te conviennent.

Cela peut se faire en obtenant les bons courtiers forex qui t'aideront dans toutes tes activités de trading forex.

Tu dois prendre l'aide des alertes forex, mais ta source d'alertes forex doit être fiable et digne de confiance. Les avertissements du forex t'aident à prendre la bonne décision et il est parfois utile de vérifier tes prévisions avec celles des experts du marché du forex, ce qui permet d'augmenter ta confiance sur le marché du forex.

Tu dois prendre l'aide de l'analyse technique forex pour toutes tes opérations complexes sur le marché des changes.

Stratégies réussies pour les traders de Forex à temps partiel

Le marché du Forex est un marché monétaire. Des millions et des millions de personnes viennent chaque jour tenter leur chance. Certains d'entre eux réussissent sur le marché, tandis que d'autres échouent. Ceux qui réussissent adorent ce style d'entreprise et en font leur source régulière de revenus, tandis que ceux qui échouent, quittent le marché du forex et n'y reviennent jamais.

Lorsque je me pose la question : quelle est la raison du succès et de l'échec sur le marché du forex ? Je ne trouve qu'une seule réponse : la stratégie. La bonne stratégie fait le succès d'un homme alors que suivre la mauvaise stratégie le fait échouer sur le marché du forex. Nous allons ici discuter des stratégies réussies pour les traders de forex à temps partiel.

Comme nous le savons tous, les traders forex à temps partiel sont ceux qui ne peuvent accorder qu'un peu de temps de leur journée ou de leur semaine au marché du forex et qui veulent y gagner de bons bénéfices. Ils doivent donc planifier leurs stratégies en conséquence et les exécuter correctement pour réussir sur le marché.

Ils doivent utiliser la plateforme forex automatisée au lieu de la plateforme forex ordinaire pour leurs activités de trading forex. La plateforme forex automatisée fait gagner du temps au trader en générant automatiquement des échanges aux meilleures conditions de négociation possibles sur le marché et fait également gagner de l'argent constant de façon régulière au trader sur le marché du forex.

La plupart des traders forex à temps partiel prennent l'aide des alertes forex pour leurs transactions sur le marché des changes. L'alerte forex est le conseil payant ou gratuit des experts forex aux traders forex pour trader sur le marché des changes.

Tu dois obtenir l'alerte forex et elle doit provenir d'une source fiable et sûre. Tu peux utiliser au mieux ta plateforme forex automatisée en la combinant avec des alertes forex fiables pour obtenir de meilleurs résultats sur le marché des changes.

CHAPITRE 7 : 34 CONSEILS POUR RÉUSSIR LES OPÉRATIONS DE CHANGE

Sans aucun doute, le commerce implique bien plus que ce qui est contenu dans ces quelques brefs conseils.
Tu as besoin d'un système commercial solide, complété par de l'expérience, un esprit courageux et, bien sûr, du capital.

Mais, pour la plupart des personnes qui viennent de commencer à faire du commerce, et pour d'autres qui peuvent perdre leur joie et leur confiance en raison de baisses importantes, mais espérons-le temporaires, des valeurs du marché, une vue d'ensemble de base peut redonner de la clarté à ton commerce.

En gardant cela à l'esprit, nous te présentons quelques conseils qui, nous l'espérons, t'aideront à naviguer dans ces eaux financières passionnantes :

1. Si une position montre une activité négative, n'augmente pas le risque en entrant plus profondément.

C'est la même chose que le vieux dicton des commerçants : Ne fais jamais d'ajout à une transaction perdante.

2. Ne manque jamais de décider d'un stop et d'un objectif de profit avant d'entrer dans une transaction. Utilise ta connaissance du marché pour déterminer le placement des stops, et non la somme d'argent dont tu disposes sur ton compte. Il n'est pas possible d'effectuer le commerce si un stop approprié est trop cher.

3. Garde à l'esprit le privilège d'un poste. Un jugement sur le marché ne doit pas être fait lorsqu'on est déjà en poste. Une fois que tu es en position, toutes tes décisions d'ajouter à la position, de protéger la position ou de sortir de la position devraient déjà être prises.

4. Parfois, les circonstances changent et lorsque tu le détermines, tu fais le choix de sortir d'une transaction. Ne pense pas que tu peux simplement choisir le prix avec le plan facile d'aller au marché.

Un exemple de cela est lorsque de grandes nouvelles surprises sortent après un grand événement. Cela peut pousser le niveau de volatilité acceptable au-delà de ce qui fonctionne avec tes méthodes de trading.

5. N'achète pas un marché ennuyeux dans un marché baissier et ne vends pas un marché ennuyeux.

dans un marché haussier.

Traduit simplement, cela signifie que s'il n'y a pas d'élan dans un sens ou dans l'autre, alors les chances de suivre la tendance nécessaire pour faire un profit sont minces. Effectue les opérations dont tu as déterminé qu'elles avaient le plus de chances de réussir.

6. Lorsque le marché est très volatile ou connaît un manque de liquidité, il ne faut pas faire d'opérations. Même lorsqu'il existe un potentiel de volatilité extrême, il faut faire preuve de prudence.

Bien que les mouvements volatiles du marché offrent la possibilité de réaliser d'énormes gains, ils peuvent être trop imprévisibles. Évite toujours les risques inutiles lorsque tu fais du commerce.

7. Il est important de garder à l'esprit que les mêmes systèmes de trading ne fonctionnent pas toujours sur les marchés à la hausse et à la baisse. Si tu as un système de trading Forex qui suit les tendances, tu dois réaliser qu'il y a toujours la possibilité qu'il ne fonctionne pas admirablement dans les marchés latéraux.

8. Tu dois adapter ta stratégie de trading à chaque type de marché : tendance haussière, limites de la fourchette et trading à la baisse.

Idéalement, avec un système de trading qui suit les tendances, il serait préférable d'éviter complètement les marchés latéraux.

Il n'y a rien de mal à ce qu'un système de suivi de tendance "se mette de côté" pendant les marchés latéraux... en fait, il est préférable qu'il se mette de côté.

9. Choisis des transactions qui vont de pair avec le modèle de marché dominant. Bien que l'on puisse toujours distinguer les modèles de marché ascendant et descendant, l'un ou l'autre est toujours le plus dominant. Par exemple, lors d'un marché haussier, des signaux de vente sont pris à plusieurs reprises, pour être respectivement stoppés.

Tout cela nous ramène à la déclaration intemporelle : 'La tendance est ton amie'. Trader dans le sens où la probabilité de réussite est la plus élevée, c'est tout simplement du bon sens. Cela ne veut pas dire que l'on ne peut pas développer un système de contre-opérations qui peut être rentable.

10. Un signal de vente n'est qu'un signal d'achat raté ; un signal d'achat n'est qu'un signal de vente raté.

11. Une transaction perdante est toujours beaucoup moins difficile à réaliser !

12. Suis ton instinct ; si tu ne te sens pas à l'aise avec quelque chose, ne fais pas d'échange.

13. Lorsque tu entends des conseils sur le trading sur le Forex, ignore-les. Va avec ce que tu connais, c'est-à-dire le système de négociation dans lequel tu as eu le temps de développer ta confiance.

14. Les événements d'actualité ne sont significatifs que lorsqu'ils ne poussent PAS le marché dans le sens de l'actualité.

15. Tu gagnes un minimum de compréhension lorsque tu lis aujourd'hui le journal d'hier, armé de tes connaissances sur l'activité du marché d'aujourd'hui. Tu réalises que l'activité du marché d'hier n'a aucun impact sur celui d'aujourd'hui.

16. Ne prends jamais tes décisions de trading en fonction de la direction d'un écart. Le marché ne doit pas te forcer à faire une transaction.

17. Utilise la règle "rentre tard, sors tôt", en gardant à l'esprit que les premiers et derniers tics sont de loin les plus chers.

18. Tu sors quand tu réalises que tout le monde est à l'intérieur.

19. N'augmente pas ton facteur de risque en faisant du commerce lorsque tu es malade. La négociation peut être suffisamment fatigante sans le stress supplémentaire de ne pas se sentir bien. Évite de faire du commerce lorsqu'il y a quelque chose qui pourrait affecter ta discipline commerciale.

20. Ton unité de négociation ne doit être changée que lorsque tu as un plan d'objectifs atteints. Tu devrais établir un plan de réduction pour les moments où le marché a un volume plus faible ou lorsque tes opérations sont un peu décalées.

Un bon système de gestion de l'argent fait partie de tout bon plan de trading. Il réduira la taille de ta position lorsque ton système de trading n'est pas synchronisé avec le marché et augmentera la taille de ta position lorsque ton système de trading est synchronisé avec le marché.

21. Ne sois pas prétentieux ou vantard de quelque manière que ce soit. Profite de ton succès commercial

avec fierté et modestie.

22. Juge ton succès en fonction de la croissance de ton capital au fil du temps et non pas en fonction du succès des transactions individuelles. Même un mauvais trader peut avoir des périodes de gains.

23. Faire une pause d'un jour dans le commerce permet souvent de mettre fin à une série de défaites.

24. Si tu es sur la crête d'une vague, continue ! Tu fais quelque chose de bien. Pourquoi voudrais-tu arrêter ? Lorsque toi et tes méthodes de trading seront en phase avec les marchés, poursuis ta série de victoires.

25. Lorsque tu as une mauvaise journée, éteins l'écran de l'ordinateur et trouve quelque chose d'autre à faire. Ne continue pas à travailler lorsque tu es en train de perdre, cela ne sert à rien.

Partir pour un certain temps n'est pas une chose facile, mais il est important de se discipliner pour le faire.

26. Les escrocs réduisent le nombre de variables affectant le risque du marché en restant dans les transactions ou les positions pendant seulement quelques secondes. Les day traders réduisent les risques du marché en négociant pendant des minutes.

Il est tout à fait logique que plus ton objectif de profit est petit, plus vite il sera atteint. C'est ce qui a attiré de nombreuses personnes vers le day trading. Si ce style de commerce t'intéresse, garde à l'esprit ce qui suit :

Augmentation de la fréquence des transactions = augmentation des coûts de transaction

27. La décision de convertir un scalp ou un day trade en position trade signifie que tu n'as pas bien compris les risques du trade.

28. Ne laisse pas une occasion que tu as manquée te perturber.

Les opportunités se trouvent à chaque coin de rue.

Il y a de nouvelles opportunités chaque jour. Beaucoup de nouveaux commerçants aiment parler des grosses sommes qu'ils ont laissées sur la table.

Les traders expérimentés sont heureux d'avoir pris leur part de l'action des prix. Il est rare, voire impossible, que tu obtiennes 100 % du potentiel de profit de TOUTE transaction.

29. Il est préférable d'apprendre à négocier sur le Forex plutôt que de chercher une formule secrète insaisissable.

30. Ne te fie pas aux conseils des autres parce qu'ils n'ont probablement pas fait ce qu'ils ont fait.

beaucoup de recherches comme tu l'as fait.

C'est une déclaration très frappante. Il semble parfois que l'herbe soit plus verte de l'autre côté de la clôture. Il y aura des jours où il te semblera que tout le monde est au courant sauf toi. Ne laisse pas cela te déranger. Si tu as fait tes devoirs, ton heure viendra.

31. Établir mentalement la réalité de ce qui se passe, en bien ou en mal, en haut ou en bas, l'énoncer à haute voix au milieu d'un esprit plein d'idées préconçues.

Si tu as une transaction perdante, n'aie pas peur de te le dire : "Il est clair que ma méthode de négociation n'a pas fonctionné dans cette transaction, mais mes recherches m'ont montré que si je continue sur cette voie, je réussirai !".

32. La flexibilité est absolument nécessaire pour réussir dans le day trading. Tu dois être un participant informé, qui comprend le potentiel des deux côtés du marché. Un décideur éclairé fait des affaires en comprenant ce qu'est le climat actuel du marché.

33. Délibère, voire plains-toi et confesse tes erreurs de discipline. Il semble que tu continueras à commettre ce genre d'erreur pendant de nombreuses années, donc te le rappeler peut retarder l'inévitable.

34. Si cette liste t'a mis mal à l'aise, alors tu es comme beaucoup d'autres commerçants à deux égards :

A. Tu as suffisamment d'expérience en matière de trading pour comprendre que les erreurs sont les tiennes, et non celles du marché, et tu t'efforces de surmonter ces insuffisances.

B. Étrangement, tu ne fais plus qu'un avec le marché. Tu ne peux pas partir et tu ne veux pas le faire. Où que tu ailles dans la vie, tu garderas TOUJOURS un œil sur le marché.

CONCLUSION

Le trading sur le Forex peut être amusant et formidablement rentable, mais en toute honnêteté, c'est toujours plus amusant quand c'est rentable.

Dans les exemples présentés, tu pourras constater par toi-même que le trading sur le Forex ne doit pas être compliqué. Oui, cela demande du travail et du dévouement, mais toutes les choses qui ont d'énormes récompenses potentielles demandent du travail et du dévouement.

Les règles, conseils et techniques exposés dans ce livre ont pour but de poser les bases d'un négoce réussi. Certaines d'entre elles sont des règles strictes que tu ne dois absolument pas ignorer. Beaucoup de ces règles ont trait à la discipline et au contrôle des risques.

Sans cela, tu ne peux tout simplement pas réussir. Même si tu es exceptionnellement bien capitalisé, tu peux facilement faire disparaître ton compte sans contrôle des risques.

Si tu restes discipliné, correctement capitalisé et conscient des risques, le trading sur le Forex t'offre l'opportunité d'une vie. Effet de levier

disponibles sur le Forex, combinés à une bonne gestion de l'argent, peuvent permettre à un petit compte de trading d'atteindre des niveaux de capital que tu n'aurais jamais cru possibles. À ton succès dans le commerce